Erwin Cuba

Die 8 Minuten Energiedusche

Mit Qi-Übungen täglich Lebenskraft tanken

Illustrationen von Jana Pflugmacher

Der Autor und der Verlag übernehmen keine Haftung für Schäden jedweder Art, die direkt oder indirekt bei der Anwendung der in diesem Buch vorgestellten Behandlungsmaßnahmen entstehen können.

Bibliografische Information Der Deutschen Bibliothek:
Die Deutsche Bibliothek verzeichnet diese Publikation in der Deutschen Nationalbibliografie; detaillierte bibliografische Daten sind im Internet über http://dnb.ddb.de abrufbar.

Auflage: 5 4 3 2
Jahr: 2008 2007 2006

© 2005 by JOY Verlag GmbH, 87466 Oy-Mittelberg
www.joy-verlag.de

ISBN 978-3-928554-53-4

Die Verwertung der Texte und Bilder, auch auszugsweise, ist ohne Zustimmung des Verlags urheberrechtswidrig und strafbar. Dies gilt auch für Vervielfältigungen, Übersetzungen, Mikroverfilmung und für die Verarbeitung mit elektronischen und digitalen Systemen.

Umschlaggestaltung: Kuhn Grafik, Zürich
Satz, Gestaltung & Illustration: Jana Pflugmacher, Berlin, www.jaluma.de
Druck: Legoprint S. P. A., Lavis (TN)

Printed in Italy

Danke meinem Körper

Du begleitest und sorgst für mich seit meiner Geburt.
Viel besser als jede Maschine es je könnte.
Jeden Abend verlasse ich dich. Jeden Morgen
erwache ich in dir und lebe durch dich.
Du bist die Grundlage meiner Existenz.
Als kleines Dankeschön will ich dich pflegen,
um deine Arbeit zu erleichtern, und uns dadurch
Gesundheit und Wohlbefinden schenken.

Danke für Eure Unterstützung

Jana Pflugmacher, Rachna A. König, Tom Bergau, Anina Behm,
Dr. Eva Mößler, Renate Solonyna, Dr. Sylvia Hammerschmidt,
Mag. Eva Pellegrini, Josef Ernst, Amelie Chamberlaine,
Stephan Hilpert und Dr. Eduard Tripp.

Inhalt

Vorwort 7
Einleitung 8
Zu den Übungen 14

ENERGIEDUSCHEN

1 Gelenke 16
2 Kopf 24
3 Augen 32
4 Nacken 38
5 Schultern 46
6 Brustkorb & Brustwirbelsäule 54
7 Atmung 62
8 Verdauung 72
9 Wirbelsäule 80
10 Lendenwirbelsäule 86
11 Hüfte & Becken 94
12 Beine 102

Anhang

Indikationsliste 110
Kontakt 113
Kalender 115

Vorwort

Vor ca. 18 Jahren führten mich die immer größer werdenden Anforderungen meines täglichen Lebens an die Grenze meiner Belastbarkeit. Ich verlor meine Lebensfreude und fühlte mich körperlich, emotional und geistig überfordert. In meiner Not machte ich mich auf und suchte nach Möglichkeiten, mehr Ruhe und Gelassenheit in mein Leben einfließen zu lassen.

In den folgenden Jahren lernte ich verschiedene Körperübungen wie Qi Gong, Shiatsu, Akupressur, Massagen und Entspannungstechniken kennen. Viele dieser ganzheitlichen Techniken halfen meinem Körper, meinen Emotionen und meinem Geist, sich freier, entspannter und kräftiger zu fühlen. Das waren für mich großartige Entdeckungen und Erfahrungen, und in mir entstand das Bedürfnis, diesen Schatz mit anderen Menschen zu teilen. Ich hatte meine Berufung gefunden und machte sie später zu meinem Beruf.

Die wohltuende und heilende Wirkung ganzheitlich ausgerichteter Körperübungen und Selbstmassagen verstärkt sich durch regelmäßige, am besten tägliche Wiederholungen. Diese Übungsanleitungen dauern oft eine Stunde und/oder sind komplexe Abläufe. Viele von uns können die dafür benötigte Zeit nicht aufbringen. Anderen fällt es schwer, die passenden Übungen auszuwählen. Aus diesen Gründen habe ich in den vergangenen Jahren ein Übungsprogramm entwickelt, das nur 2 x täglich 8 Minuten in Anspruch nimmt. Diese besonders effektive Mischung aus Bewegung und Berührung kann wahlweise für 12 verschiedene Körperregionen von Kopf bis Fuß eingesetzt werden.

Ich habe die Übungen später „Die 8-Minuten-Energieduschen" genannt, da sie belebend wirken und unsere Körperzellen mit frischer Energie versorgen. Sie lösen sehr schnell Stauungen und Blockaden – wichtig für „Viel- und Langsitzer" – und bringen die Lebenskräfte (Qi) wieder ins Fließen. Regelmäßig ausgeführt, steigern sie unser körperliches, emotionales und geistiges Wohlbefinden.

Die Wurzeln dieser Übungen finden Sie in der fernöstlichen Heilkunde, der fernöstlichen Bewegungskunst und der westlichen Bewegungslehre. Um den größten Nutzen zu erzielen, sollte idealerweise 2 x täglich geübt werden. Wenn keine ernsthaften Erkrankungen vorliegen, verschwinden Schmerzen und diverse Symptome oft in kürzester Zeit.

Mit diesem Buch lade ich Sie zu einem ganzheitlichen und sehr effektiven Übungsprogramm ein. Ich wünsche Ihnen von ganzem Herzen, dass Sie den wohltuenden Einklang von Körper, Geist und Emotionen erfahren.

Erwin Cuba
Wien 2005

Einleitung

Krankheiten oder starke Schmerzen

Wenn Sie krank sind oder starke Schmerzen haben, klären Sie bitte mit Ihrem Arzt ab, ob sanfte Bewegung, Massage und Akupressur bei Ihnen positiv wirken kann. Die 8-Minuten-Energiedusche ist im Krankheitsfall kein Ersatz für ärztliche Hilfe. Häufig wird eine ärztliche Therapie durch die Übungen sinnvoll unterstützt.

Gesundheit – Krankheit

Gesundheit und Krankheit sind zwei sich abwechselnde Aspekte des menschlichen Lebens. Viele von uns befinden sich jedoch in einer „Grauzone" irgendwo dazwischen. Wir sind nicht wirklich gesund, aber der Arzt kann nichts feststellen oder messen, und daher gelten wir auch nicht als krank. Wir fühlen uns oft verspannt, gereizt, überfordert oder müde.

Gesundheit ist ein im Leben vorherrschendes Gefühl von Zufriedenheit, Wohlbefinden und Lebenskraft. Wir empfinden Freude an unseren Tätigkeiten, genießen Ruhepausen und sind offen für unsere Mitmenschen. Es ist ein Zustand prickelnder Lebensfreude, ähnlich dem „Verliebtsein", gekoppelt mit „innerer Ruhe".

Krankheit ist nichts anderes als ein Kommunikationsmittel des Körpers, mit dem er uns Ruhe, Entspannung und Pflege vorschlägt. In dieser Pause haben wir die Möglichkeit, unseren Lebensstil zu überdenken und gegebenenfalls zu ändern.

Ignorieren wir diese innere Stimme, werden wir nicht wirklich gesund. Zusätzlich zwingen wir unseren Körper, sein Kommunikationsmittel Schmerz bzw. Krankheit bei nächster Gelegenheit zu verstärken. Unser Körper muss sich deutlicher ausdrücken, damit er zu seiner wohlverdienten Ruhepause kommt.

Zeit

Wir leben in einer Zeit, in der wir von zeitsparenden Erfindungen umgeben sind: Computer, Waschmaschinen, Autos usw. Durch sofortige Investition der eingesparten Zeit in andere Aktivitäten haben wir es jedoch geschafft, so gestresst wie nie zuvor zu sein.

Verwenden Sie einen Teil dieser gesparten Zeit nicht im Außen, sondern für sich und Ihren Körper. Dadurch erhalten Sie innere Kraft, Ruhe und Freude, mit der Sie Ihre Aktivitäten gezielter und dadurch effektiver durchführen können.

Körper – Geist – Emotion

In der Traditionellen Chinesischen Medizin (TCM) sind Körper, Geist und Emotion nicht voneinander zu trennen. Wir können über einen dieser drei Aspekte des menschlichen Lebens die anderen beiden positiv oder auch negativ beeinflussen. Die 8-Minuten-Energieduschen wirken über den Körper zusätzlich ausgleichend auf unseren Geist und unsere Emotionen.

YIN und YANG

Die Basis der Traditionellen Chinesischen Medizin ist die Lehre von YIN und YANG.

```
YANG              YIN
hell              dunkel
Himmel            Erde
weiß              schwarz
oben              unten
Geist             Materie
```

Im Westen verstehen wir diese Unterschiede als Gegensätze. Die Chinesen sehen darin komplementäre Kräfte, die einander ergänzen und abwechseln. Ohne das Erscheinen von YIN kann YANG nicht existieren und umgekehrt.

Der Mensch ist eine Mischung aus diesen beiden sich ergänzenden Kräften. Wir erleben Lebenskraft YANG und Wohlbefinden YIN, wenn beide Pole abwechselnd zum Zug kommen. Bei Überbetonung eines Pols muss der andere ebenfalls stärker reagieren. Zu viel Freude = YANG wird zu Depression = YIN, zu viel Anspannung = YANG führt zu Müdigkeit und Lustlosigkeit = YIN, zu wenig Bewegung = YIN führt zu Starre und Schmerz = YANG in den Muskeln und Gelenken. Diese Liste lässt sich endlos fortsetzen.

Wir leben in einer vom YANG-Aspekt dominierten Welt. Da unser heutiges Leben vorwiegend nach außen und auf Schnelligkeit ausgerichtet ist, erfahren wir Stress, Druck, Lärm usw. Um diesen Anforderungen unserer Zeit zu entsprechen, ist es wichtig, den YIN-Aspekt zu pflegen und zu kultivieren.

Durch entspannte, auf unseren Körper gerichtete Aufmerksamkeit wird unser YIN gestärkt und dadurch YANG ausgeglichen. Dies ist eine für Körper, Emotion und Geist gut verträgliche Antwort auf YANG-Belastungen.

Sehr oft sind unsere Reaktionen auf die von Stress dominierte Welt YIN-geprägt: Müdigkeit, Bewegungsmangel, Lustlosigkeit usw. Viele von uns sind beruflich bedingten einseitigen Bewegungsmustern wie z. B. langem Sitzen oder Stehen ausgesetzt. Durch diese Belastungen kommt es zu Stagnation und Schmerz. Durch sanftes Bewegen, Dehnen, Massage und Akupressur lösen wir diesen Energiestau auf und bringen das Qi (Körperenergie) wieder zum Fließen.

Das sanfte Zusammenspiel von YIN-Entspannung und YANG-Aufmerksamkeit fördert die Regeneration von Körper, Emotion und Geist.

Das Geheimnis der Meditation

Im vorigen Kapitel haben wir über die komplementären Kräfte YIN und YANG gesprochen. Unsere Welt wird äußerlich meist von YANG dominiert: Arbeit, Haushalt, Leistung, Fernsehen, Werbung, Computer usw. Die Fülle des YANG (außen) muss unser Organismus mit YIN-Fülle ausgleichen. Diese Fülle des YIN (innen) empfinden wir oft als leer und sinnlos. Die Leere entsteht aber nur auf Grund der oben beschriebenen Fülle im Außen.

Mönche in den Klöstern drehen dieses Prinzip einfach um. Durch Leere und Nicht-Anhaften im Außen erleben sie Fülle und Befriedigung im Inneren. Wenn das Mönchsdasein jedoch in Ablehnung vom Außen – der Welt – besteht, so ist auch dies kein Zustand der Mitte, wo YIN und YANG sich einfach und ohne Anstrengung abwechseln und somit ergänzen.

Menschen im Westen sind meist vom Außen dominiert und suchen dort ihre Befriedigung und Freude. Deshalb schafft die bewusste Innenschau den Ausgleich. Das bewusste Wahrnehmen von Körper und Atmung während der 8-Minuten-Energieduschen hilft uns, den YIN-Aspekt zu pflegen und dadurch YANG-Belastungen unserer Umwelt auszugleichen.

2 x 8-MINUTEN-ENERGIEDUSCHE = Entschleunigung + täglicher Genuss

Sport ist gesund. Nicht immer. Viele und häufig auch ältere Menschen treiben sich an mit der Einstellung, möglichst Höchstleistungen zu vollbringen. Dieser leistungsorientierte Ansatz, der sich ohnehin durch unser Leben zieht, bewirkt zusätzlichen Stress. Stress ist eine Hormonausschüttung, die uns kurzfristig in die Lage versetzt, Höchstleistungen zu vollbringen. Anschließend benötigt der Körper eine Ruhepause, um die vermehrten Abfallprodukte des beschleunigten Stoffwechsels zu entsorgen. Mittel- und langfristig gesehen schaden wir uns selbst, wenn wir uns ständig in Stress versetzen und die für die Gesundheit wichtigen Erholungsphasen nicht einhalten. Körperliche Regeneration unterstützen wir am besten durch stressfreie, nicht leistungsorientierte Ansätze.

Deswegen probieren wir jetzt gemeinsam etwas anderes:
Wir schenken uns 2 x 8 Minuten täglich und genießen angenehme Bewegung und Berührung.

Jedes Kind kennt die Freude, die Lust, den Genuss und die Erfüllung mit und an sich selbst. Im Laufe der Jahre werden diese für die Regeneration von Körper, Emotion und Geist wichtigen Elemente leider immer mehr vernachlässigt.

Fördern Sie täglich diesen natürlichen Zustand mit Hilfe der 8-Minuten-Energieduschen durch
aufmerksames Bewegen und Berühren!

Aufmerksamkeit

In dem Moment, in dem Sie Ihre Aufmerksamkeit auf Ihren verspannten Nacken richten, ist Veränderung möglich. Sie können die Haltung verändern, den Nacken lockern oder massieren, den Kopf hinlegen usw. So wird Aufmerksamkeit der Beginn von Veränderung.

Eine andere Möglichkeit ist, einfach nichts zu unternehmen. Dann ist es jedoch fast unmöglich, mit der Aufmerksamkeit im Nackenbereich zu bleiben. Ihre Gedanken werden sich etwas anderem zuwenden, und Sie flüchten aus diesem unangenehmen Zustand.

Bewusstsein oder, anders ausgedrückt, bewusstes Wahrnehmen, strebt in seiner Natur einen ausgeglichenen Zustand des Wohlfühlens an.

Bewegung

Alle Bewegungen der 8-Minuten-Energieduschen sollen niemals schmerzen oder unangenehm sein. Richtig ausgeführt, entsteht bei jeder Dehnung oder Mobilisation ein angenehmes Gefühl wie z. B. Wärme, Entspannung, Prickeln, entspanntes Durchatmen etc.

Die folgenden Kräftigungsübungen führen in den ausgewählten Muskelregionen zu spürbarer Spannung, sollten aber nie schmerzhaft sein.

Mobilisation – Auswirkung auf Gelenke

Der Gelenkknorpel wird nicht über den Blutkreislauf versorgt, sondern durch Druck und Entlastung. In der Entspannungsphase wird, wie bei einem Schwamm, Gelenkflüssigkeit und damit Nährstoffe angesaugt. Durch Druck werden Schlackenstoffe, die Abfallprodukte des Stoffwechsels, an die Gelenkflüssigkeit abgegeben. Daher ist Bewegung für den Körper notwendig, um den Stoffwechsel in den Gelenken zu gewährleisten.

Ohne Bewegung werden die Gelenke immer steifer, und wir „rosten" schließlich ein. Andere Gelenke übernehmen die Funktion der starren und werden dadurch überbeansprucht. Dies führt zu einseitigen Abnutzungen und Schmerzen.

Bewegungen ohne bzw. mit geringer Belastung (= „Mobilisation") regt also den Gelenksstoffwechsel an, fördert die Beweglichkeit und beugt einseitigen Abnutzungen in den Gelenken vor.

Dehnen – Auswirkung auf Muskeln, Sehnen und Gelenke

Ein gut funktionierender Muskel sollte an- und entspannen können. Durch einseitige Belastung und Überbeanspruchung bestimmter Muskelgruppen geht die Fähigkeit der Entspannung verloren. Dadurch können die Schlackenstoffe, die Abfallprodukte des Stoffwechsels der Muskulatur, nicht mehr abtransportiert werden. Der Muskel wird hart, und es bilden sich Ablagerungen, die durch Knötchen, verhärtete Muskelstränge, Schmerz und Unwohlsein spürbar sind.

Dehnen verbessert die Entspannungsfähigkeit in der Muskulatur. Dadurch wird der Stoffwechsel angeregt, Ablagerungen abtransportiert und die Sehnen entlastet.

Einschränkungen in den Gelenken sind oft dadurch bedingt, dass die dazugehörige Muskulatur nicht mehr loslassen kann. Ein weiterer Effekt, der mit Dehnungen erzielt wird, ist also die größere Mobilität (= weniger einseitige Abnutzung) in den Gelenken.

➡ **Alle Dehnungsübungen der 8-Minuten-Energieduschen werden in Ruhestellung, ohne wippende Bewegungen, ausgeführt.**
Dadurch erreichen wir die gewünschte Entspannung in der Muskulatur.

Kräftigungen

Das muskuläre Gleichgewicht des Körpers kann durch Dehnen und Kräftigen positiv beeinflusst werden. Angespannte Muskulatur wird gedehnt und zu schwache gekräftigt.

Die Energiedusche ist vor allem darauf ausgerichtet, in kurzer Zeit ausgewählte Körperregionen zu beleben und mit frischer Energie aufzuladen. Diesen Effekt erreichen wir durch Mobilisation, Dehnung, Akupressur und Massage.

Bei den Kräftigungsübungen beschränken wir uns auf die jeweils wichtigsten Muskelgruppen.

Berührung

Die Selbstmassage von Körperregionen und Akupunkturpunkten ist ein wichtiger und besonders effektiver Teil der 8-Minuten-Energieduschen. Schließen Sie die Augen, und genießen Sie die Berührung. Niemand weiß so genau wie Sie selbst, was Ihnen angenehm ist.

Akupressur

Die Chinesen gehen von einer allen Lebewesen innewohnenden Energie (Chi) aus. Diese Energie fließt in den Meridianen (Leitbahnen) in und um unseren Körper. Entlang diesen Leitbahnen befinden sich Akupunkturpunkte, die auf den ganzen Körper wirken.

Durch aufmerksames Massieren und Kneten dieser Punkte können verschiedenste Effekte erzielt werden. Zum Beispiel: Linderung von Schmerzen, Beruhigung oder Anregung des Kreislaufs, Verbesserung des Konzentrationsvermögens usw.

In der Traditionellen Chinesischen Medizin werden viele, zum Teil auch schwere Krankheiten von Ärzten und Therapeuten mit Akupressur behandelt. Einige Punkte, die besonders effektiv auf den Körper wirken, sind auch Laien zugänglich gemacht worden. Der nächste Arzt ist in China oft einige Stunden oder Tage entfernt. Mit Hilfe von Akupressur können sich die Chinesen bei vielen Beschwerden selbst helfen.

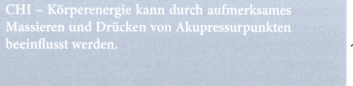
CHI – Körperenergie kann durch aufmerksames Massieren und Drücken von Akupressurpunkten beeinflusst werden.

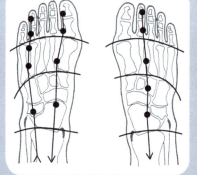
Akupressurpunkte am Fuß

In diesem Buch lernen Sie Akupressurpunkte kennen, die Sie im Alltag unterstützen werden.

Wie lange soll ein Akupressurpunkt gedrückt werden?

Drücken und massieren Sie für die Dauer des vorgeschlagenen Zeitraums oder solange es Ihnen angenehm ist. Das kann zwischen 10 Sekunden und 2 Minuten, eventuell auch länger, liegen.

Bei großer Spannung oder Schmerz im Akupressurpunkt drücken und massieren Sie kreisförmig, bis ein Gefühl der Besserung eintritt. In diesen Fällen nehmen Sie sich etwas mehr Zeit für Ihre Energiedusche.

➡ **Achten Sie darauf, den massierten Bereich niemals zu verletzen.**

Die 8-MINUTEN-ENERGIEDUSCHE am Arbeitsplatz

Um unsere Arbeit effektiv ausführen zu können, brauchen wir Pausen. Die 8-Minuten-Energieduschen verstärken den Erholungseffekt Ihrer Pause, ohne zusätzlich Zeit zu beanspruchen. Dadurch bereitet uns die Arbeit mehr Freude, weil wir unsere Pausen mit Erholung, Entspannung und Genuss verbinden. Zusätzlich erwirtschaftet dieses Vergnügen durch unsere erhöhte Leistungsfähigkeit Zeit und Geld.

Die beschriebenen Techniken eignen sich besonders für den Einsatz im Büro. Am besten wäre es, wenn Sie die Möglichkeit hätten, die 8-Minuten-Energieduschen in einem eigenen Raum zu genießen.

Da dies oft nicht möglich ist, raten wir den Teilnehmern unserer Programme, ihren Arbeitskollegen von den wohltuenden 8-Minuten-Energieduschen zu berichten. Durch Gespräch wird in den meisten Fällen ein Raumklima geschaffen, in dem die Bewegungs- und Akupressurabläufe sowohl vom Chef als auch von den Kollegen begrüßt werden.

Auswahl der richtigen ENERGIEDUSCHE

A Die 8-Minuten-Energieduschen sind nach Körperregionen eingeteilt. Wählen Sie bei Verspannungen oder Beschwerden in einer Körperregion die gleichlautende Übung.

B Manche Beschwerden können nicht eindeutig zugeordnet werden. In diesen Fällen wird Ihnen die Indikationsliste am Ende des Buches bei der richtigen Auswahl helfen. Bei einigen Symptomen sind mehrere Möglichkeiten angegeben. Wählen Sie eine aus, und probieren Sie diese 2 x täglich 3 Tage lang aus. Wenn Sie keine Linderung Ihrer Beschwerden spüren, versuchen Sie eine andere ebenfalls für 3 Tage. Sie werden spüren, welche Energiedusche Ihnen das meiste Wohlbefinden verschafft.

C Wenn Sie derzeit keine Beschwerden oder Verspannungen haben, so ist dies ein guter Zeitpunkt, um mit den Abläufen zu beginnen. Lassen Sie sich treiben, und probieren Sie verschiedene Energieduschen nacheinander aus. Durch die präventive Wirkung werden Sie sich auch in Zukunft bester Gesundheit erfreuen.

Zu den Übungen

Die 8-Minuten-Energiedusche soll Spaß machen und angenehm sein. Alle Bewegungen, Akupressuren und Massagen sind deutlich spürbar, aber niemals schmerzhaft. Lassen Sie den Atem gleichmäßig fließen, und nehmen Sie sich täglich Zeit für

Ihre 2 x 8 = ca. 15–20 Minuten.
Um Beschwerden zu lindern, wiederholen Sie die gewählte Energiedusche
täglich 2 x für mindestens 3 Tage.

Wenn Sie mehr Zeit aufwenden wollen, können Sie verschiedene Energieduschen kombinieren, um längere Übungsabfolgen zu genießen.

Die ENERGIEDUSCHE richtig ausgeführt

Manche Bewegungen oder Akupressuren der 8-Minuten-Energieduschen werden Sie nicht gleich beim ersten Üben perfekt ausführen. Lassen Sie sich dadurch nicht entmutigen. Aufmerksames und regelmäßiges Üben ist viel wichtiger als die perfekte Ausführung. Probieren Sie verschiedene Variationen aus, und suchen Sie nach dem Erlebnis des Wohlfühlens. Nach einigen Versuchen werden Sie die für Sie perfekte Energiedusche genießen können.

Kleidung

Achten Sie darauf, dass Sie während der Übungen keine enge Kleidung tragen. Lockern Sie Gürtel, Krawatten, Schuhe etc.

Geschwindigkeit

Die Übungen sind mit Zeitangaben und einer empfohlenen Wiederholungszahl versehen.

Reihenfolge innerhalb einer ENERGIEDUSCHE

Bitte halten Sie die Reihenfolge innerhalb des Übungsablaufs einer Energiedusche ein. Bei Dehnungen und Kräftigungen ist es wichtig, vorher aufwärmende Mobilisationen auszuführen.

Nach unserer Erfahrung erzielen die Bewegungen, Akupressuren und Massagen in der vorgegebenen Abfolge die besten Ergebnisse.

Kombination der 12 ENERGIEDUSCHEN

Grundsätzlich können alle 12 Energieduschen miteinander kombiniert werden. Es gibt aber Übungsabläufe, die sich besonders gut ergänzen und die Wirkung der gewählten Übung verstärken. Auf diese Kombinationen wird gesondert hingewiesen.

Indikation

Die Hauptaufgabe der 8-Minuten-Energiedusche liegt nicht in der Rehabilitation, sondern in ihrer vorbeugenden Wirkung. Sie können die Übungen verwenden, um verschiedenste Körperregionen mit Wohlbefinden und frischer Energie zu versorgen.

Die angegebenen Indikationen sollen Sie bei der Auswahl Ihrer Energiedusche unterstützen. Bei Unwohlsein und Schmerzen werden Sie den Regenerationsprozess unterstützen. Im Anhang des Buches finden Sie eine alphabetisch nach Beschwerden geordnete Indikationsliste.

Bei starken Schmerzen oder Krankheiten klären Sie bitte mit Ihrem Arzt ab, ob sanfte Bewegung, Massage und Akupressur für Sie geeignet sind.

Position

Am Anfang einer oder mehrerer Übungen wird auf die richtige Position hingewiesen. Diese Haltung ist für die folgenden Übungen gültig, bis neue Positionshinweise angegeben werden.

Tipps & Tricks

Bei jeder Energiedusche werden am Ende zusätzliche Empfehlungen für den jeweiligen Körperbereich gegeben, um die Wirkung zu verstärken.

Nach der ENERGIEDUSCHE

Öffnen Sie nach dem „Körperwahrnehmen" langsam die Augen, und geben Sie sich noch 1 Minute Zeit zum Sammeln. Auf diese Weise verstärken Sie den Effekt der Energiedusche. Danach können Sie mit Ihrer Tätigkeit wieder so richtig loslegen.

Auf einen Blick

Am Anfang eines jeden Kapitels finden Sie eine Kurzbeschreibung aller Bewegungen, Massagen und Akupressuren. Wenn Sie die Übungen Ihrer Energiedusche verstanden haben, brauchen Sie nicht mehr im Buch zu blättern. Der Ablauf und die Zeitangaben sind „auf einen Blick" ersichtlich. Ihre gesammelte Aufmerksamkeit ist bei der Übung, und Sie optimieren dadurch die Wirkung der Energiedusche.

1 Gelenke

Körperliche, emotionale und geistige FLEXIBILITÄT

Die Gelenke ermöglichen uns, Bewegungen auszuführen, indem sie die Knochen unseres Körpers miteinander verbinden. Für gesunde Beweglichkeit benötigen wir ein stabiles und gleichzeitig flexibles Gelenk. Voraussetzung dafür ist die richtige Pflege der Gelenkbestandteile – Knorpel, Bänder, Sehnen und Muskeln.

Regelmäßige Bewegung, d.h. abwechselnde Kräftigung und Dehnung, hält Muskulatur und Sehnen im richtigen Spannungszustand. Wir entlasten und unterstützen dadurch Bänder und Knorpelgewebe.

Knochen und Muskulatur werden über den Blutkreislauf ernährt.

➡ **Sehnen, Bänder und Knorpelgewebe nehmen durch Ansaugen im entspannten Zustand, wie bei einem Schwamm, frische Nährstoffe auf. Durch Zug oder Druck werden Schlackenstoffe, die Abfallprodukte des Stoffwechsels, an die Gewebsflüssigkeit abgegeben.**
Durch Gelenkmobilisation (Bewegung), d.h. abwechselnden Zug bzw. Druck und Entspannung werden die Gelenkbestandteile ernährt und entschlackt.

Für Bewegungsabläufe ist die Funktionstüchtigkeit jedes einzelnen Gelenks wichtig. Funktioniert ein Gelenk nicht richtig, so werden andere stärker beansprucht, um diese Bewegungseinschränkung zu kompensieren. Durch diese Belastung kommt es zuerst zu Verspannungen, dann zu Schmerzen und in der Folge zu erneuten Bewegungseinschränkungen. Dieser Kreislauf setzt sich fort, und die Bewegungsmöglichkeiten werden immer geringer.

Die Beweglichkeit unserer Gelenke wirkt sich zusätzlich auf die geistige und emotionale Flexibilität aus. Reibungslose und kraftvolle Beweglichkeit in den Gelenken unterstützt unsere Fähigkeit, auf die Anforderungen des täglichen Lebens flexibel zu reagieren.

Die Energiedusche 1 »Gelenke« unterstützt unsere körperliche, geistige und emotionale Flexibilität.

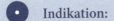 Indikation:

Bewegungsmangel

Starre und/oder Einschränkung im Bewegungsapparat

Gelenkbeschwerden

 Kombination:

- mit allen Programmen

- gut geeignet zum Aufwärmen des ganzen Körpers, wenn Sie mehrere Energieduschen miteinander kombinieren möchten

Auf einen Blick

Kniekreise ①
beide Richtungen 8 x in 1 Min.

Hüftkreise ②
3 Varianten für jeweils 30 Sek.

Arme schwingen ③
5 (3) Varianten in 1 Min.

Schulterkreise ④
beide Richtungen 3 x in 1 Min.

Schmetterling ⑤
vorne und hinten 3 x in 30 Sek.

Halbkreise ⑥
beide Seiten 3 x in 30 Sek.

Zur Seite blicken ⑦
beide Seiten 3 x in 30 Sek.

Himmel und Erde ⑧
beide Seiten 3 x in 30 Sek.

Ohr zur Schulter neigen ⑨
beide Seiten 3 x in 30 Sek.

Auslockern & Körper wahrnehmen ⑩
1 Min.

1 Kniekreise

beide Richtungen 8 x in 1 Min.

> **Position ❶:** Stellen Sie Füße und Knie zusammen, beugen Sie den Oberkörper leicht nach vorn, und legen Sie beide Hände auf die Kniescheiben.

Kreisen Sie mit gebeugten Knien langsam im Kniegelenk. Spüren Sie die angenehme Bewegung bis hinunter ins Sprunggelenk und hinauf in den Hüftbereich.

Wechseln Sie nach 30 Sek. die Richtung.

Die Atmung fließt dabei tief in den Bauchraum, und Entspannung breitet sich in Ihrem Körper aus.

> **Position ❷:** Stehen Sie schulterbreit und bequem mit leicht gebeugten Knien. Die Hände sind in den Hüften abgestützt, und die Schultern hängen locker nach unten.

2 Hüftkreise

1½ Min.

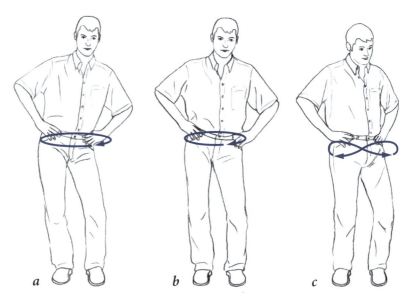

a
3 x jede Seite in 30 Sek.

Kreisen Sie mit dem Hüft- und Beckenbereich zuerst in eine und dann in die andere Richtung. Spüren Sie dabei eine angenehme Öffnung und Dehnung in Hüfte, Becken und dem unteren Rücken.

b
3 x jede Seite in 30 Sek.

Kreisen Sie wie bei der vorigen Übung, mit dem Unterschied, dass der Nabel sich beim Hüftkreisen nicht von der Stelle bewegt. Sie kennen diese Bewegung aus dem Bauchtanz.

c
3 x beide Richtungen in 30 Sek.

Drehen Sie die Hüfte in einer 8er-Schleife. Der Oberkörper dreht sich dabei mit dem Becken mit.

> Position ③–⑤: Stehen Sie schulterbreit und bequem mit leicht gebeugten Knien.

Arme schwingen

1 Min.

a
5x links und rechts

b
5x links und rechts

c
5x links und rechts

Ihre Arme und Schultern hängen locker nach unten. Drehen Sie mit Schwung Oberkörper, Becken und Kopf abwechselnd zur linken und zur rechten Seite. Die Fußsohlen bleiben dabei fest auf dem Boden stehen. Die Arme schwingen locker mit und verursachen beim seitlichen Berühren des Körpers ein klopfendes Geräusch.

Während Sie sich weiterdrehen, heben Sie die Arme in Schulterhöhe. Der Kopf dreht dabei zur Seite, und Ihre Augen folgen den Armen und Händen nach hinten.

Drehen Sie weiter, und heben Sie die Arme über den Kopf. Kopf und Augen drehen dabei in Richtung Ihrer Arme und Hände.

d
Wiederholen Sie *b* (5 x links und rechts).

e
Wiederholen Sie *a* (5 x links und rechts).

Zum Abschluss verlangsamen Sie die Drehbewegung bis zum Stillstand und spüren das Pulsieren, das sich im Inneren des Körpers fortsetzt.

4. Schulterkreise

beide Richtungen 3 x in 1 Min.

Drehen Sie beide Schultern im maximalen Radius. Der ganze Körper bewegt sich dabei (natürlich) mit. Wechseln Sie nach 3 Kreisen (ca. 30 Sek.) die Richtung.

ausatmen

einatmen

ausatmen

einatmen

Der Kopf hängt nach vorne, die Arme hängen locker nach unten, und der Rücken ist gekrümmt, wenn Sie die Schultern nach vorne ziehen.

Bei der Schulterbewegung nach oben strecken Sie die Knie. Die Arme hängen noch immer locker nach unten, und der Kopf ist dabei gerade nach vorn gerichtet.

Bei der Schulterbewegung nach hinten können Sie die Hände im Lendenbereich abstützen und dadurch die Dehnung im Schulter-Brust-Bereich verstärken.

Ziehen Sie die Schultern nach unten. Sinken Sie dabei in die Knie, und lassen Sie die Arme wieder locker nach unten hängen.

Schmetterling 5

vorne und hinten 3 x in 30 Sek.

Beim Ausatmen führen Sie die Ellbogen vor dem Körper so nah wie möglich zusammen. Bei dieser Bewegung sind die Ellbogen gebeugt, und Ihre Handrücken berühren sich unter dem Nabel. Gleichzeitig krümmen Sie Ihre Wirbelsäule, und der Kopf hängt dabei locker nach vorne. Spüren Sie das angenehme Auseinanderziehen der Schulterblätter.

Mit dem Einatmen lösen Sie die Spannung und richten Oberkörper und Kopf wieder gerade auf.

Beim nächsten Ausatmen stemmen Sie sich im Lendenbereich mit den Händen ab und drücken dabei die Ellbogen so nah wie möglich hinter dem Körper zusammen. Spüren Sie, wie sich der Brustkorb und die Schultern vorne öffnen.

Mit der Einatmung lösen Sie die Spannung und spüren, wie sich die Lunge mit frischer Luft füllt.

ausatmen – vorn   *ausatmen – hinten*

Position 6 – 9: Stehen Sie schulterbreit und bequem mit leicht gebeugten Knien. Die Hände sind an den Hüften abgestützt, und die Schultern hängen locker nach unten.

Halbkreise 6

beide Seiten 3 x in 30 Sek.

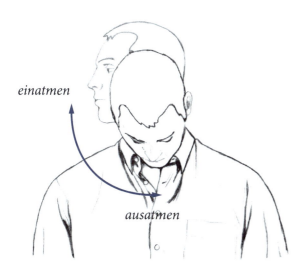

einatmen

ausatmen

Lassen Sie den Kopf nach vorne hängen, und spüren Sie dabei die angenehme Dehnung im Nackenbereich.

Beim Einatmen drehen Sie den Kopf zur Seite und atmen bis hinauf in die Lungenspitzen.

Beim Ausatmen lassen Sie den Kopf langsam nach unten sinken.

➡ **Die Lungenspitzen befinden sich auf Höhe des Schlüsselbeins.**

7 Zur Seite blicken

beide Seiten 3 x in 30 Sek.

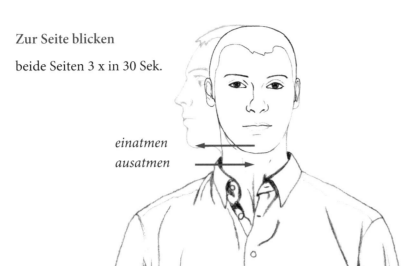

Drehen Sie Ihren Kopf abwechselnd nach rechts und links.

Beim Einatmen drehen Sie den Kopf zur Seite und atmen hinauf in die Lungenspitzen.

Beim Ausatmen drehen Sie den Kopf nach vorne.

8 Himmel und Erde

beide Seiten 3 x in 30 Sek.

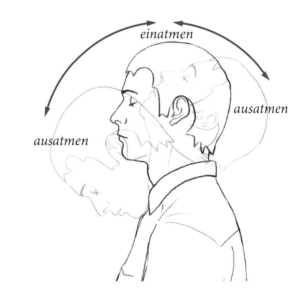

Rollen Sie mit der Ausatmung die Halswirbelsäule Wirbel für Wirbel nach vorne, bis der Kopf locker nach unten hängt. Beim Einatmen rollen Sie die Wirbel einzeln zurück in die gerade Ausgangsstellung.

Beim nächsten Ausatmen rollen Sie die Halswirbelsäule Wirbel für Wirbel vorsichtig nach hinten. Beim Einatmen rollen Sie die Wirbel einzeln zurück in die gerade Ausgangsstellung.

➡ **Alle Bewegungen sind angenehm und niemals schmerzhaft.**

9 Ohr zur Schulter neigen

beide Seiten 3 x in 30 Sek.

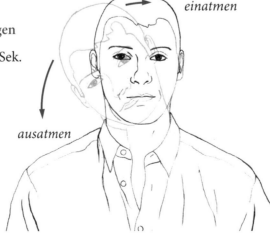

Beim Ausatmen neigen Sie den Kopf bei geradeaus gerichtetem Blick zur Seite, so dass Sie das Ohr der Schulter annähern.

Beim nächsten Einatmen heben Sie den Kopf zurück in die gerade Ausgangsstellung.

> Position ❿: Genießen Sie die nächste Übung in stehender Position.

Auslockern & Körper wahrnehmen

1 Min.

Lockern und schütteln Sie den ganzen Körper für 30 Sek.

Abschließend schließen Sie die Augen und spüren den ganzen Körper vom Kopf bis zu den Füßen hinunter. Die Atmung fließt dabei tief in den Bauchraum. Die Schultern hängen locker nach unten, und die Hände liegen locker am Bauch unter dem Nabel.

Tipps & Tricks für die Gelenke

➡ **Körper = Bewegungsapparat**

Im Laufe der Evolution war Bewegung immer eine wichtige Grundlage, um zu überleben. Durch unsere heutigen Möglichkeiten ist Bewegung keine Frage des Überlebens, sondern der Lebensqualität. Sanfte natürliche Bewegungen, die den ganzen Körper einbeziehen, sind die Basis von Vitalität und Wohlbefinden.

Gelenkunterstützend sind alle stoß- und erschütterungsarmen Bewegungsarten.
Hier einige Beispiele:
    Gehen
    Wandern
    Walking
    Radfahren
    Skilanglaufen
    Tai Chi

Zusätzlich können wir unsere Gelenke durch richtige Kleidung unterstützen. Gelenkbelastende (pathogene) Faktoren sind vor allem Wind, Feuchtigkeit und Kälte.

Lassen Sie im Alltag keine Möglichkeit ungenützt verstreichen, um Ihren Körper zu bewegen. Untersuchungen haben ergeben, dass Personen, die im Alltag Treppen steigen, die zu Fuß ins Büro und/oder einkaufen gehen oder mit dem Fahrrad fahren usw., genauso fit sind wie Menschen, die regelmäßig im Fitness-Center trainieren.

2 Kopf

Eindruck – Steuerzentrale – Ausdruck

Der Kopf ist der Sitz unseres Gehirns und der Sinnesorgane. Das Gehirn als Steuerzentrale ist über das Rückenmark und die Nerven mit dem restlichen Körper verbunden. Mit den Sinnesorganen sammeln wir Eindrücke aus unserer Umwelt, die wir im Gehirn einteilen, ordnen und verarbeiten. Auf Grund dieser Informationen werden bewusste und unbewusste Impulse ausgesendet, um auf die Anforderungen unserer Umwelt zu reagieren.

Wir begegnen mit dem vorderen Teil des Kopfes, unserem Gesicht, der Welt. Wir wahren unser Gesicht, setzen eine Maske auf und haben Angst, unser Gesicht zu verlieren. Dadurch entsteht ein kontrollierter Selbstausdruck. Um diesen aufrecht zu halten, müssen wir viel Spannung aufwenden. Durch bewusstes Entspannen lernen wir, diese sichere, aber unangenehme Kontrolle loszulassen.

Im Arbeitsalltag beansprucht Computerarbeit besonders den Augen-, Stirn- und Schläfenbereich. Zusätzlich halten wir für den Arbeitsplatz unpassende Emotionen durch Anspannung im Gesichts- und Kieferbereich unter Kontrolle. Dadurch entstehen Energiestagnation, Schmerz, Stress und zu viele Gedanken.

Die Energiedusche 2 »Kopf« hilft uns, den Kopf- und Gesichtsbereich zu entspannen. Durch diesen intensiven Kurzurlaub lindern wir die oben angeführten Symptome.

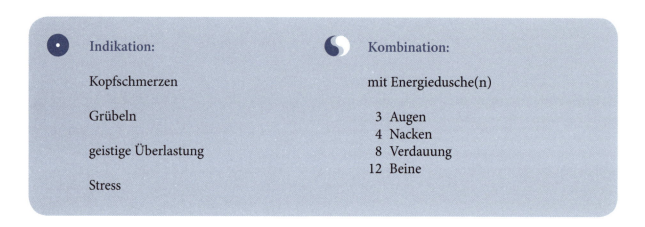

Indikation:

Kopfschmerzen

Grübeln

geistige Überlastung

Stress

Kombination:

mit Energiedusche(n)

3 Augen
4 Nacken
8 Verdauung
12 Beine

Kopf

Auf einen Blick

Akupressur HEGU ①
links und rechts für jeweils 30 Sek.

Fuß- & Zehenmassage ②
beide Füße für jeweils 30 Sek.

Ohrläppchenmassage ③
beide gleichzeitig für 30 Sek.

Ja-Halbkreise ④
jede Seite 2–3 x in 1 Min.

Grimassen schneiden ⑤
30 Sek. Bewegung, 30 Sek. Entspannung

Figaro ⑥
1 Min. Kopfmassage

Gesichtsmassage ⑦
1 Min.

Streichmassage ⑧
30 Sek.

Auslockern & Körper wahrnehmen ⑨
1 Min.

> Position ❶: Genießen Sie die folgende Akupressur wahlweise im Stehen, Gehen oder Sitzen. Achten Sie darauf, dass Ihre Atmung tief in den Bauchraum fließt.

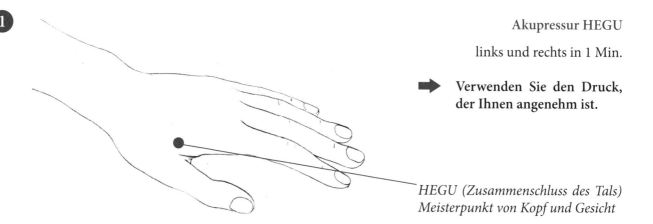

Akupressur HEGU

links und rechts in 1 Min.

➡ Verwenden Sie den Druck, der Ihnen angenehm ist.

HEGU (Zusammenschluss des Tals) Meisterpunkt von Kopf und Gesicht

Um den Punkt genau zu lokalisieren, legen Sie den linken Daumen an den linken Zeigefinger. HEGU befindet sich auf der höchsten Stelle des Muskelwulstes zwischen diesen beiden Fingern.

Wenn Sie den Punkt lokalisiert haben, entspannen Sie die linke Hand, während Sie mit dem rechten Daumen (rechter Zeige- und Mittelfinger geben an der Innenseite Gegendruck) den Akupressurpunkt HEGU langsam kreisend durchkneten.

Nach 30 Sek. akupressieren Sie HEGU an der rechten Hand.

Wenn HEGU schmerzt, sollten Sie die Massage so oft wiederholen, bis sie als angenehm und belebend empfunden wird.

HEGU wirkt allgemein anregend und lindert Halsweh, Kopf-, Arm-, Schulter- und Zahnschmerzen.

> Position ❷ : Entspannen Sie sich bei der Massage im Sitzen.

Fuß- & Zehenmassage

beide Füße für jeweils 30 Sek.

Massieren Sie im Sitzen Ihre Füße und Zehen. Die Fußreflexzone des Kopfes befindet sich wie eingezeichnet oben, unten, innen und außen an den Zehen.

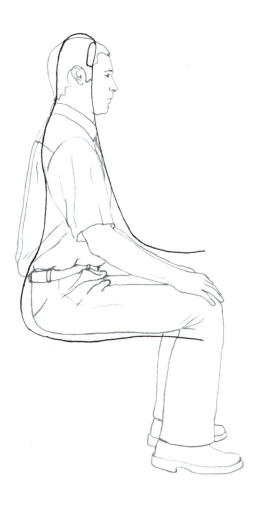
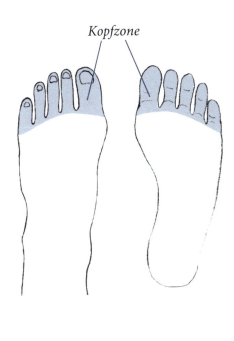

Kopfzone

> **Position ③–⑧:** Genießen Sie die folgenden Übungen wahlweise im Stehen oder Sitzen. Achten Sie darauf, dass Ihre Atmung tief in den Bauchraum fließt.

③ Ohrläppchenmassage

30 Sek.

Massieren Sie beide Ohrläppchen gleichzeitig langsam, kreisend zwischen Daumen und Zeigefinger.

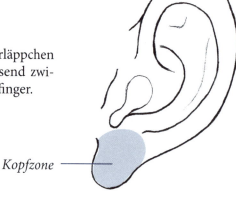
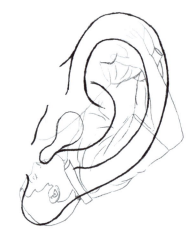

Kopfzone

④ Ja-Halbkreise

jede Seite 2–3 x in 1 Min.

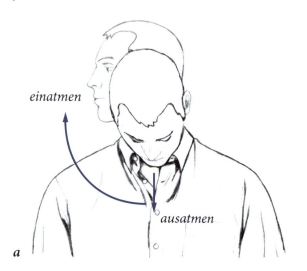

a

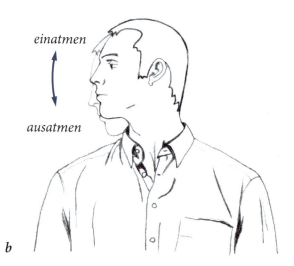

b

Lassen Sie den Kopf mit der Ausatmung nach unten hängen. Mit dem Einatmen drehen Sie Ihren Kopf langsam zur Seite.

Dort angekommen, nicken Sie 3 x, als würden Sie langsam „Ja sagen". Heben Sie den Kopf mit der Einatmung, beim Ausatmen senken Sie ihn.

Bei der 3. Ausatmung drehen Sie den Kopf zurück in die Ausgangsstellung *a*. Mit der nächsten Einatmung wiederholen Sie die Halbkreisbewegung zur anderen Seite.

➡ **Spüren Sie dabei die angenehmen Dehnungen im Nackenbereich.**

Grimassen schneiden

1 Min.

Bewegen Sie die Gesichtsmuskulatur schnell und kräftig für 30 Sekunden. Ziehen Sie die Stirn in Falten und wieder glatt. Reißen Sie die Augen auf, und kneifen Sie diese zusammen. Wackeln Sie mit den Ohren. Die Nase rümpfen, lang ziehen, nach links und rechts drehen. Den Kiefer aufreißen, zubeißen, nach links und rechts verschieben. Die Zunge rausstrecken und verdrehen. Die Wangen aufblasen und einziehen usw.

Nach 30 Sek. entspannen Sie den Gesichtsbereich. Schließen Sie die Augen, und spüren Sie die Entspannung im Gesichtsbereich. Die Atmung fließt dabei tief und regelmäßig in den Bauchraum.

Figaro

1 Min. Kopfmassage

➡ **Verweilen Sie beim Massieren länger an den Stellen, die Ihnen besonders angenehm sind.**

Massieren Sie den gesamten Kopfbereich mit den Fingerspitzen, ähnlich dem Kopfwaschen beim Friseur. Pressen und massieren Sie zusätzlich mit den Daumen den Schädelrand an der Rückseite des Kopfes.

Gesichtsmassage

1 Min.

➡ **Langsame und aufmerksame Massage mit geschlossenen Augen.**

Massieren Sie mit den Fingerspitzen kreisend und streichend Stirn und Schläfen, die Augenhöhlen oben und unten, Augenbrauen sowie die Nase, und lockern Sie die Kiefermuskulatur. Streichen Sie zusätzlich mit den Handflächen über Ihren Hals- und Nackenbereich.

8   Streichmassage

30 Sek.

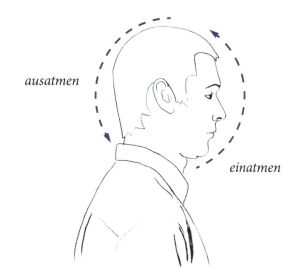

Streichen Sie mit beiden Handflächen vom Hals übers Kinn bis zur Stirn hinauf mit der Einatmung.

Beim Ausatmen streichen Sie weiter über den Kopf zum Nacken. Der Kopf leert sich dabei, und Sie spüren die Verbindung nach unten, über den Nacken, mit dem Körper.

> **Position 9:** Genießen Sie die nächste Übung in stehender Position.

9   **Auslockern & Körper wahrnehmen**

1 Min.

Lockern und schütteln Sie den ganzen Körper für 30 Sek., vom Kopf bis zu den Füßen.

Zum Abschluss spüren Sie mit geschlossenen Augen den Kopf und seine Verbindung mit dem Nacken und dem Körper. Die Atmung fließt dabei tief in den Bauchraum. Die Schultern hängen locker nach unten, und die Hände liegen am Bauch unter dem Nabel.

Tipps & Tricks für den Kopf

Wie schon in der Einleitung erwähnt, ist der Kopf in unserer Gesellschaft und vor allem im Arbeitsbereich ein besonders beanspruchter Körperteil. Versuchen Sie in Ihrer Freizeit andere Körperteile verstärkt einzusetzen.

Einige Beispiele:
- fernöstliche Bewegungskünste
- Gymnastik
- Tanzen
- Massage (geben oder nehmen)
- Musik (hören oder selbst spielen)
- Malen

Je mehr Freude Sie an Ihren Ausgleichstätigkeiten finden, umso leichter und natürlicher werden Sie diese in Ihr Leben integrieren.

3 Augen

Klarheit, „Spiegel unserer Seele"

Durch das Fenster unserer Augen beobachten wir die Welt. Gleichzeitig werden auch wir durch dieses Fenster von unseren Mitmenschen wahrgenommen. In unseren Augen spiegeln sich unsere Tiefen, Sehnsüchte und Abgründe. Ein Stimmungsbarometer, an dem man Vitalität, Ehrlichkeit, Kraft, Niedergeschlagenheit, Lüge etc. ablesen kann. Wir erleben durch Blickkontakte tiefe und intensive Begegnungen, zeigen unser Innerstes und sehen den Anderen mit seiner Wahrheit.

Fernsehen, Computer, Lesen, Straßenverkehr – unsere Augen verarbeiten tagtäglich eine unvorstellbare Anzahl von Bildern und leiten diese an unser Gehirn weiter. Die Energiedusche 3 »Augen« hilft uns, diese Belastungen auszugleichen.

Lebendige, klare Augen verleihen uns die Fähigkeit, die Schönheit des Lebens mit Offenheit und Freude wahrzunehmen. Wir sehen die Gegenwart klar und frei von den Schleiern der Vergangenheit und der Zukunft.

➡ **Besonders bei Bildschirmarbeit ist es wichtig, regelmäßig Pausen einzulegen. Wiederholen Sie die Energiedusche 3 »Augen« alle 2–3 Stunden.**

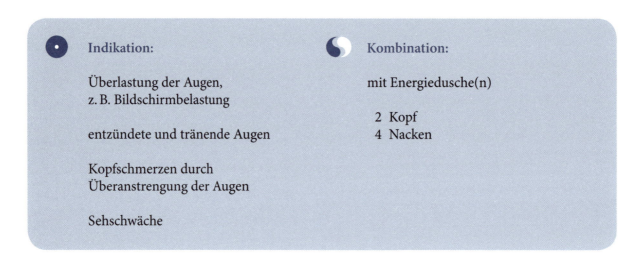

Indikation:

Überlastung der Augen,
z. B. Bildschirmbelastung

entzündete und tränende Augen

Kopfschmerzen durch
Überanstrengung der Augen

Sehschwäche

Kombination:

mit Energiedusche(n)

2 Kopf
4 Nacken

Auf einen Blick

Gesichtsmassage ❶
1 Min.

Augenkreisen ❷
beide Richtungen jeweils 2 Kreise in 1 Min.

Ohrläppchenmassage ❸
beide gleichzeitig für 30 Sek.

Blickschärfen ❹
linkes und rechtes Auge jeweils für 30 Sek.

Fußmassage ❺
beide Füße für jeweils 30 Sek.

Augen-Uhr ❻
2 Kreise in 1 Min.

Akupressur ❼
JINGMING und TONGZILIAO für jeweils 30 Sek.

Nackenmassage ❽
1 Min.

Palmieren ❾
30 Sek.

> Positionen: Genießen Sie die gesamte Energiedusche 4 »Augen« im Sitzen.

① Gesichtsmassage

1 Min.

➡ **Langsame und aufmerksame Massage.**

Massieren Sie mit den Fingerspitzen kreisend und streichend die Stirn und die Schläfen, die Augenhöhlen oben und unten. Kneifen Sie an mehreren Stellen mit Daumen und Zeigefinger die Augenbrauen. Pressen Sie mit den Daumen langsam kreisend den Hinterkopfrand.

②

Augenkreisen

beide Richtungen jeweils 2 Kreise in 1 Min.

Kreisen Sie mit beiden Augen langsam im maximalen Radius. Der Kopf ist unbewegt und entspannt nach vorne gerichtet. Wechseln Sie nach 30 Sekunden und 2 Kreisen die Richtung.

➡ **Achten Sie darauf, dass Gesicht, Nacken und Schultern beim „Augenkreisen" entspannt sind.**

③ Ohrläppchenmassage

30 Sek.

Massieren Sie gleichzeitig die Mitte beider Ohrläppchen langsam kreisend mit Daumen und Zeigefinger. Die Augen sind dabei entspannt, geschlossen, und die Atmung fließt tief in den Unterbauch.

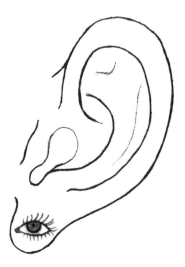

Blickschärfen ④

1 Min.

Öffnen Sie langsam die Augen. Der Kopf ist gerade, unbewegt und entspannt nach vorne gerichtet.

a
Verdecken Sie mit der linken Hand Ihr linkes Auge.

Beim Ausatmen fixieren Sie mit dem rechten Auge einen Punkt im Raum, ohne den Kopf zu bewegen. Mit der Einatmung entspannen Sie das Auge und nehmen wieder den gesamten Raum wahr. Die Pupille wandert dabei zurück zur Ausgangsstellung in der Mitte.

Fixieren Sie bei jedem Ausatmen einen anderen Punkt im Raum. In Ihrem Atemrhythmus wechseln Sie die beiden Augeneinstellungen 30 Sek. lang.

b
Verdecken Sie das rechte Auge mit der rechten Hand, und wiederholen Sie die Übung *a* mit dem linken Auge, ebenfalls für 30 Sek.

➡ **Achten Sie darauf, dass Gesicht, Nacken und Schultern beim „Blickschärfen" entspannt sind.**

Fußmassage ⑤

beide Füße für jeweils 30 Sek.

Massieren Sie im Sitzen die 2. und 3. Zehe, besonders an den Innen- und Außenseiten (also „zwischen den Zehen").

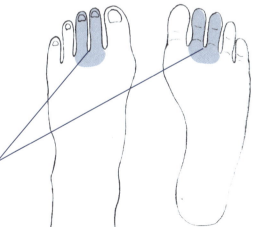

Augen-Reflexzone

6 Augen-Uhr

2 Kreise in 1 Min.

Kreisen Sie mit beiden Augen langsam im maximalen Radius. Verweilen Sie dabei wie die Zeiger einer Uhr bei jeder Stunde für 2–3 Sek. Der Kopf ist entspannt und unbewegt nach vorne gerichtet.

Wechseln Sie nach einem Kreis und 30 Sek. die Richtung der Augenuhr. Die Atmung fließt dabei entspannt in den Bauchraum.

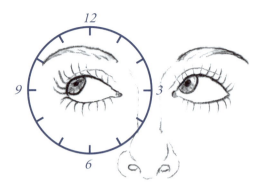

➡ Achten Sie darauf, dass Gesicht, Nacken und Schultern beim Ausführen der „Augen-Uhr" entspannt sind.

7 Akupressur

1 Min.

➡ Massage soll immer angenehm sein.

➡ Maßangabe:
Ihre Daumenbreite = 1 Cun = 10 Fen.

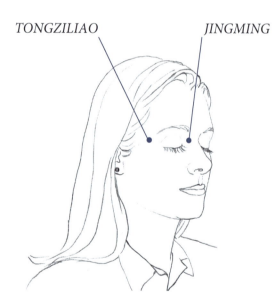

TONGZILIAO   JINGMING

Massieren Sie vorsichtig kreisend mit den Fingerspitzen beidseitig JINGMING und TONGZILIAO für jeweils 30 Sek.

JINGMING (strahlende Augen)

Um JINGMING zu lokalisieren, tasten Sie 1 Fen oberhalb und 1 Fen Richtung Mitte (Nase) des inneren Augenwinkels den tiefsten Punkt der dort befindlichen Vertiefung.

JINGMING entspannt die Augen, wirkt ausgleichend auf die Hypophyse und hilft bei Stirnkopfschmerzen, verstopfter Nase und Stirnhöhlenentzündung.

TONGZILIAO (Augapfelgrube)

Um TONGZILIAO zu lokalisieren, tasten Sie ca. 7 Fen seitlich des äußeren Augenwinkels in eine kleine Vertiefung am Rande der knöchernen Augenhöhle.

TONGZILIAO hilft bei wechselnder Sehschärfe, lindert Gesichtsschmerzen und Bindehautentzündung.

Nackenmassage 8

1 Min.

Lockern Sie mit den Fingern und Händen den Nackenbereich durch Klopfen, Streichen und Massieren.

Palmieren 9

30 Sek.

Reiben Sie beide Handflächen aneinander, bis diese angenehm warm sind. Zum Abschluss legen Sie beide Handballen auf Ihre geschlossenen Augen. Genießen Sie die Wärme Ihrer Handflächen, während die Atmung tief in Ihren Bauchraum fließt.

Tipps & Tricks für die Augen

Oft werden unsere Augen durch zu viel Fixierung auf bestimmte Objekte (Computer, Fernseher, Schriftstücke usw.) einseitig belastet. Den hierfür optimalen regenerierenden Ausgleich schaffen Sie, indem Sie Ihre Augen zwischendurch immer wieder „in die Ferne schweifen" bzw. „in die Weite schauen" lassen. Am besten wäre ein Spaziergang in der Natur (die Farbe Grün wirkt zusätzlich entspannend), bei dem Ihre Augen immer wieder in die Weite blicken.

Wenn Sie müde sind, gönnen Sie sich eine kleine Sehpause, und schließen Sie für einige Sekunden oder Minuten die Augen. Zusätzlich können Sie JINGMING wie oben beschrieben mit den Fingerspitzen kreisend massieren.

Hinweis für Brillenträger:

➡ **Trainieren Sie Ihre Augen, indem Sie Ihre Brillen während des Tages immer wieder abnehmen.**

4 Nacken

Perspektiven – Möglichkeiten

Der Nacken ist die Verbindung zwischen Kopf und Rumpf. Die Halswirbelsäule ermöglicht uns, den Kopf in alle Richtungen zu drehen und zu bewegen.

Der Kopf wiegt je nach Größe zwischen 5 und 7 kg. Dieses Gewicht wird durch regelmäßige Bewegung auf den gesamten Nackenbereich verteilt. In der abwechselnden An- und Entspannung können sich Muskeln, Sehnen und Gelenke erholen. Sie nehmen frische Nährstoffe auf und geben verbrauchte Schlackenstoffe des Stoffwechsels ab.

Mit einem geschmeidigen, vitalen Nacken können wir das Leben aus verschiedenen Perspektiven betrachten. Mit dieser Fähigkeit ausgestattet, fällt es uns leicht, auf Anforderungen mehrere Lösungsmöglichkeiten zu finden.

Zu hohe Ansprüche an uns selbst und psychischer Druck wirken sich oft als Starre im Nackenbereich aus. Wir können die Welt nicht mehr aus verschiedenen Blickwinkeln wahrnehmen.

Durch Anspannen im Nackenbereich erhöhen wir unsere Fähigkeit, unangenehme Situationen durchzuhalten. Dabei vergessen wir oft, dass – von einem anderen Blickwinkel aus betrachtet – dies nicht notwendig wäre oder sogar kontraproduktiv ist. Insbesondere bei sitzenden Tätigkeiten kommt es zu einseitigen Belastungen und Bewegungseinschränkungen. Dadurch werden Teile des Nackens überlastet. Der Muskulatur und den Gelenken fehlen die so wichtigen Regenerationsphasen. Im Weiteren kann es zu Beeinträchtigungen von Nacken, Kopf, Sinnesorganen, Gehirn, Armen und Händen kommen.

Die Energiedusche 4 »Nacken« unterstützt unsere Fähigkeit, das Leben wieder aus verschiedenen Blickwinkeln zu betrachten. Dadurch sind wir den körperlichen und geistigen Anforderungen des täglichen Lebens besser gewachsen.

- Indikation:

  Beschwerden im Nackenbereich

  Kopfschmerzen

  überlastete Augen

  eingeschlafene Arme & Hände

 Kombination:

  mit Energiedusche(n)

  5 Schultern
  6 Brustkorb & Brustwirbelsäule
  9 Wirbelsäule

Auf einen Blick

Schulterkreise ❶
beide Richtungen 3 x in 1 Min.

Ja-Halbkreise ❷
jede Seite 2–3 x in 1 Min.

Großen Wirbel massieren ❸
30 Sek.

Halsstreckermuskulatur ❹
30 Sek. dehnen

Trapezmuskulatur ❺
beide Seiten kräftigen und dehnen in 2 Min.

Schulterblatthebermuskulatur ❻
jede Seite für 30 Sek. dehnen

Nackenmassage ❼
1 Min.

Auslockern & Körper wahrnehmen ❽
1 Min.

> Position ❶: Stehen Sie bequem und schulterbreit mit leicht gebeugten Knien.

❶ Schulterkreise

beide Richtungen 3 x in 1 Min.

Drehen Sie beide Schultern im maximalen Radius. Der ganze Körper bewegt sich dabei (natürlich) mit. Wechseln Sie nach 3 Kreisen (ca. 30 Sek.) die Richtung.

Nacken

ausatmen — *einatmen* — *ausatmen* — *einatmen*

Der Kopf hängt nach vorne, die Arme hängen locker nach unten, und der Rücken ist gekrümmt, wenn Sie die Schultern nach vorne ziehen.	Bei der Schulterbewegung nach oben strecken Sie die Knie. Die Arme hängen noch immer locker nach unten, und der Kopf ist dabei gerade nach vorn gerichtet.	Bei der Schulterbewegung nach hinten können Sie die Hände im Lendenbereich abstützen und dadurch die Dehnung im Schulter-Brust-Bereich verstärken.	Ziehen Sie die Schultern nach unten. Sinken Sie dabei in die Knie, und lassen Sie die Arme wieder locker nach unten hängen.

Position ❷–❼: **Genießen Sie die folgenden Übungen, Akupressuren und Massagen im Sitzen.**

Ja-Halbkreise ❷

jede Seite 2–3 x in 1 Min.

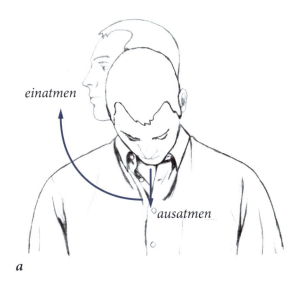

a

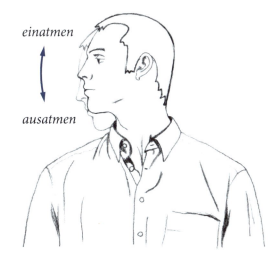

b

Lassen Sie den Kopf mit der Ausatmung nach unten hängen. Mit dem Einatmen drehen Sie Ihren Kopf langsam zur Seite.

Dort angekommen, nicken Sie 3 x, als würden Sie langsam „Ja sagen". Heben Sie den Kopf mit der Einatmung, beim Ausatmen senken Sie ihn.

Bei der 3. Ausatmung drehen Sie den Kopf zurück in die Ausgangsstellung *a*. Mit der nächsten Einatmung wiederholen Sie die Halbkreisbewegung zur anderen Seite.

➡ **Spüren Sie dabei die angenehmen Dehnungen im Nackenbereich.**

3. Großen Wirbel massieren

30 Sek.

➡ **Massage ist immer angenehm.**

Massieren Sie, mit den Fingerspitzen von Zeige-, Mittel- und Ringfinger gleichzeitig, kreisend links und rechts neben dem 7. Halswirbel. Verwenden Sie zum Massieren der linken Seite die Finger der rechten Hand und umgekehrt. Die linke Hand unterstützt den rechten Arm durch Druck nach hinten im Ellbogenbereich.

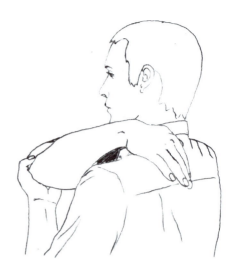

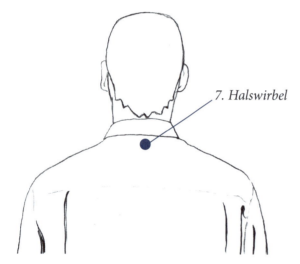

7. Halswirbel

Der 7. Halswirbel ist bei Drehbewegungen des Kopfes der unterste sich drehende Wirbel. Die Brustwirbelsäule dreht sich bei dieser Bewegung nicht mit.

---

4 – 6 DEHNEN: ➡ **Alle Dehnungen sind angenehm und niemals schmerzhaft.**

Halsstreckermuskulatur

30 Sek. dehnen

Lassen Sie den Kopf nach vorne sinken, und dehnen Sie mit einer Hand gerade nach unten. Genießen Sie dabei die angenehme Dehnung beidseitig neben der Halswirbelsäule.

Trapezmuskulatur

kräftigen und dehnen in 2 Min.

Kräftigung rechts 30 Sek.

Legen Sie die rechte Hand seitlich an den Kopf. Drücken Sie mit dem Kopf gegen Ihre rechte Hand. Die linke Schulter hängt dabei locker nach unten. Spüren Sie dabei die Anspannung im rechten Schulter-Nacken-Bereich.

Dehnung rechts 30 Sek.

Neigen Sie den Kopf bei geradeaus gerichtetem Blick Richtung linker Schulter. Lassen Sie den Kopf an der Seite hängen, und ziehen Sie ihn mit der linken Hand in Richtung linker Schulter. Die rechte Schulter hängt dabei locker nach unten. Schließen Sie die Augen, und genießen Sie die Dehnung im rechten Schulter-Nacken-Bereich.

Kräftigen und dehnen Sie die Trapezmuskulatur anschließend an der linken Seite für jeweils 30 Sek.

6 Schulterblatthebermuskulatur

jede Seite für 30 Sek. dehnen

Drehen Sie den Kopf bei geradeaus gerichtetem Blick 45 Grad zur rechten Seite, und lassen Sie ihn nach vorne unten hängen. Ziehen Sie mit der rechten Hand den Kopf nach vorne unten. Die linke Schulter hängt dabei locker nach unten. Schließen Sie die Augen, und spüren Sie diese angenehme Dehnung im linken Nackenbereich.

Dehnen Sie nach 30 Sek. die Schulterblatthebermuskulatur auf der anderen Seite.

7 Nackenmassage

1 Min.

Massieren und streichen Sie Nacken und Hinterkopf mit den Fingerspitzen und/oder Hand- und Fingerflächen. Drücken Sie mit den Daumen den Hinterkopfrand. Dort befinden sich Akupressurpunkte, die Kopf und Körper verbinden.

Klopfen Sie die Schultern mit lockeren Fäusten und den Nacken mit den Fingerspitzen.

> **Massage**
>
> **schneller = anregend**
> **langsamer = beruhigend**

> Position **8**: Genießen Sie die folgende Übung in stehender Position.

Auslockern & Körper wahrnehmen

1 Min.

Lockern und schütteln Sie den ganzen Körper für 30 Sek., besonders Kopf, Nacken und Schultern. Zum Abschluss spüren Sie mit geschlossenen Augen den Nacken, die Schultern und deren Verbindung mit Kopf und Körper. Die Atmung fließt dabei tief in den Bauchraum.

Tipps & Tricks für den Nacken

Fixierungen loszulassen ist der Schlüssel, um Ihren Nacken zu entlasten. Immer wenn Sie kämpfen, einen Standpunkt mit NachDRUCK vertreten, sicher sind, Recht zu haben etc., dann

versuchen Sie einen weiteren – noch besser wären mehrere – Blickwinkel bzw. andere Möglichkeiten zu finden.

Durch geistige Flexibilität unterstützen wir unseren Nacken auf der körperlichen Ebene. Diese Fähigkeit hilft uns in beruflichen und privaten Beziehungen.

5 Schultern

Haltung – Verantwortung – Lasten – Schutz

Die Schultern sind die Verbindung zwischen dem Rumpf und den Armen. Das Kugelgelenk der Schulter in Kombination mit dem Schulterblatt ermöglicht uns weit ausholende Bewegungen der Arme in alle Richtungen.

Mit Hilfe der Schultern bewahren wir Haltung, tragen Lasten und übernehmen Verantwortung. Zusätzlich verwenden wir sie zum Schutz für unsere verwundbarste Stelle, die Kehle. Schultern, Arme und Hände sind Ausdruck unserer HANDlungsfähigkeit, unserer Kreativität und unseres Herzens. Kraftvolle und flexible Schultern übernehmen und unterstützen abwechselnd die eben erwähnten Funktionen.

Meist ist eines der genannten Bewegungs- und Verhaltensmuster besonders stark ausgeprägt, wie z.B. das Nach-vorne-Ziehen der Schultern, um die Kehle zu schützen. Unter Dauerbelastung lösen wir oft das bewährte, für bestimmte Zeit erfolgreiche Verhaltensmuster nicht mehr auf. Dadurch werden die anderen Funktionen zu wenig gelebt. Die zwanghaft aufrecht gehaltene Haltung führt zu Verspannung, Stagnation und Schmerz.

Die Energiedusche 5 »Schultern« mobilisiert, kräftigt und dehnt den Schulterbereich. Durch den verbesserten Stoffwechsel lassen Verspannungen und Schmerzen nach. Wir können wieder nach Bedarf die oben genannten Bewegungs- und Verhaltensmuster abwechselnd einsetzen.

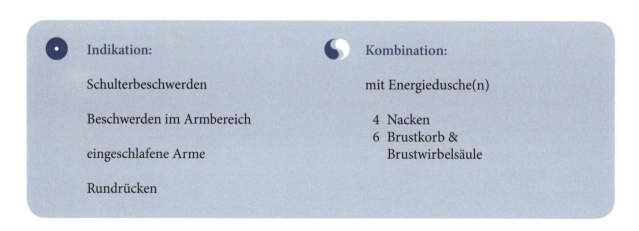

Indikation:

Schulterbeschwerden

Beschwerden im Armbereich

eingeschlafene Arme

Rundrücken

Kombination:

mit Energiedusche(n)

4 Nacken
6 Brustkorb & Brustwirbelsäule

Auf einen Blick

Schulterkreise ❶
beide Richtungen 3 x in 1 Min.

Schulterblattmuskulatur kräftigen ❷
20 x in 1 Min.

Elefant ❸
beide Seiten in 1 Min.

Herzmeridiandehnung ❹
beide Seiten in 1 Min.

Akupressur JIANJING ❺
links und rechts für jeweils 30 Sek.

Kleiner Brustmuskel ❻
beide Seiten in 1 Min.

Akupressur ZHONGFU ❼
links und rechts für jeweils 30 Sek.

Abklopfen & Körper wahrnehmen ❽
1 Min.

> Position ❶: Stehen Sie bequem und schulterbreit mit leicht gebeugten Knien.

❶ Schulterkreise

beide Richtungen 3 x in 1 Min.

Drehen Sie beide Schultern im maximalen Radius. Der ganze Körper bewegt sich dabei (natürlich) mit. Wechseln Sie nach 3 Kreisen (ca. 30 Sek.) die Richtung.

ausatmen — *einatmen* — *ausatmen* — *einatmen*

Der Kopf hängt nach vorne, die Arme hängen locker nach unten, und der Rücken ist gekrümmt, wenn Sie die Schultern nach vorne ziehen.

Bei der Schulterbewegung nach oben strecken Sie die Knie. Die Arme hängen noch immer locker nach unten, und der Kopf ist dabei gerade nach vorn gerichtet.

Bei der Schulterbewegung nach hinten können Sie die Hände im Lendenbereich abstützen und dadurch die Dehnung im Schulter-Brust-Bereich verstärken.

Ziehen Sie die Schultern nach unten. Sinken Sie dabei in die Knie, und lassen Sie die Arme wieder locker nach unten hängen.

Position ❷: Lehnen Sie sich mit dem oberen Rücken an eine Wand. Die Füße sind mindestens 20 cm von der Wand entfernt. Der Körper bildet eine Linie, so dass das Gesäß die Wand nicht berührt. Die Arme sind links und rechts neben dem Körper nach oben abgewinkelt.

Schulterblattmuskulatur kräftigen ❷

20 x in 1 Min.

Beim Ausatmen drücken Sie sich langsam mit den Armen von der Wand ab, ohne die Unterarme von der Wand zu lösen. Spüren Sie dabei die Muskelspannung zwischen Ihren Schulterblättern.

Mit dem Einatmen lösen Sie die Spannung und lehnen die Schultern langsam zurück an die Wand.

➡ **Achten Sie darauf, dass Sie den Nacken bei dieser Übung nicht verspannen.**

Sie können die Wirkung dieser Übung verstärken, indem Sie die Füße weiter von der Wand entfernen.

Nach 20 Wiederholungen lockern Sie ausgiebig den Rücken- und Schulterbereich.

Ausgangsposition

ausatmen

> Position ③–④: Genießen Sie die folgenden Übungen wahlweise im Stehen oder Sitzen. Achten Sie darauf, dass Ihre Atmung tief in den Bauchraum fließt.

③

Elefant

beide Seiten in 1 Min.

Strecken Sie den linken Arm nach vorn, die Handfläche ist nach oben gedreht. Die linke Schulter hängt dabei locker nach unten. Greifen Sie mit dem rechten Arm unter dem linken durch, und ziehen Sie mit dem rechten Unterarm den linken Arm in Richtung rechter Schulter.
 Wechseln Sie nach 30 Sek. die Arme.

④ Herzmeridiandehnung

beide Seiten in 1 Min.

Strecken Sie den linken Arm über den Kopf, und lassen Sie den Unterarm nach hinten hängen. Fassen Sie den Ellbogen mit der rechten Hand und drücken Sie den linken Arm nach hinten. Spüren Sie dabei die Dehnung an der Armrückseite und im Schulterblattbereich.
 Wechseln Sie nach 30 Sek. die Arme.

> **Position 5**: Genießen Sie die folgende Akupressur im Sitzen. Achten Sie darauf, dass Ihre Atmung tief in den Bauchraum fließt.

Akupressur JIANJING 5

links und rechts in 1 Min.

➡ **Akupressieren soll nicht schmerzen, sondern ein angenehmes Loslassen in der Muskulatur bewirken.**

JIANJING liegt in der Mitte der Schulter. Tasten Sie knapp hinter (rückwärts) den Vorderrand des großen, an der Oberfläche spürbaren Muskels (Trapezius).

Entspannen Sie die linke Schulter, und legen Sie den linken Arm locker auf den linken Oberschenkel. Verwenden Sie zum Akupressieren der linken Schulter die rechte Hand. Drücken und massieren Sie kreisförmig, tief und langsam, mit Zeige-, Mittel- und Ringfinger.

Atmen Sie dabei tief in den Brustkorb bis hinauf in die Lungenspitzen. Wechseln Sie nach 30 Sek. zur rechten Schulter.

JIANJING entspannt Schultern und Nacken, hilft bei flacher Atmung und lindert Kopf- und Schulterschmerzen.

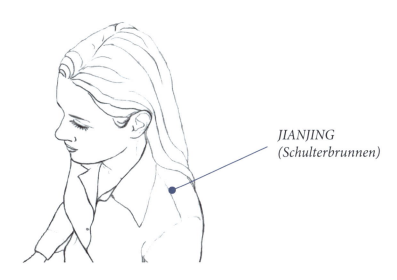

JIANJING (Schulterbrunnen)

Position ❻: Stehen Sie seitlich an einer stabilen Wand, und fixieren Sie den linken Unterarm an dieser. Der Oberarm zeigt schräg nach oben (ca. 135 Grad zum Körper).

❻ Kleiner Brustmuskel

beide Seiten in 1 Min.

Drehen Sie den linken Oberkörper nach vorne, bis Sie im Brustbereich eine angenehme Dehnung spüren. Nach ca. 30 Sek. dehnen Sie die rechte Seite.

Position ❼: Genießen Sie die folgende Akupressur wahlweise im Stehen oder Sitzen. Achten Sie darauf, dass Ihre Atmung tief in den Bauchraum fließt.

❼

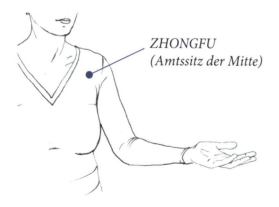

ZHONGFU
(Amtssitz der Mitte)

Akupressur ZHONGFU

links und rechts für jeweils 30 Sek.

➡ Maßangabe: Ihre Daumenbreite = 1 Cun.

➡ **Tiefes Akupressieren soll nicht schmerzen, sondern ein angnehmes Loslassen in der Muskulatur bewirken.**

ZHONGFU gibt Kraft für die Lungen, Brust und Arme, hilft bei flacher Atmung und lindert Schulterschmerzen und Husten.

Wenn Sie am linken Schlüsselbein an der Unterseite nach außen tasten, dann spüren Sie kurz vor dem Oberarm eine Grube. 1 Cun unterhalb des Schlüsselbeins, in dieser Grube, befindet sich ZHONGFU. Drücken Sie diesen Punkt für 30 Sek. tief mit Zeige-, Mittel- und Ringfinger der rechten Hand. Die linke Schulter ist entspannt, und Sie atmen tief in den Brustkorb bis hinauf in die Lungenspitzen.

Akupressieren Sie nach 30 Sek. die rechte Schulter.

> Position ❽ : Genießen Sie die folgende Übung in stehender Position.

Abklopfen & Körper wahrnehmen

1 Min.

Klopfen Sie mit lockeren Fäusten beidseitig Ihre Schultern und Arme ab. Nehmen Sie sich zum Schluss 30 Sek. Zeit, um mit geschlossenen Augen Schultern, Arme und deren Verbindung mit dem Körper zu spüren.

Tipps & Tricks für die Schultern

Überprüfen Sie, ob es belastende Faktoren in Ihrem Leben gibt, deren Last Sie eigentlich nicht mehr (er)tragen wollen oder können. Versuchen Sie unnötige Belastungen abzulegen. Ihre Schultern werden es Ihnen danken.

Zusätzlich sind Bewegung und Entspannung die besten Hausmittel, um Ihren Schulterbereich zu unterstützen.
Wie zum Beispiel:
- Tanzen
- Schwimmen
- Rudern (Dehnen nicht vergessen)
- Gymnastik
- Tai Chi
- Yoga
- Feldenkrais
- Massage
- Shiatsu

6 Brustkorb & Brustwirbelsäule

Herz – Emotionen, Lunge – Vitalität

Der Brustkorb besteht aus den Rippen, dem Brustbein vorne und der Brustwirbelsäule hinten. Dieser knöcherne Panzer erfüllt eine wichtige Schutzfunktion für unsere inneren Organe.

Die Brustwirbelsäule ermöglicht uns Rotation und Bewegungen nach vorne und zur Seite. Die Brustwirbel sind durch Gelenke mit den Rippen verbunden. Beweglichkeit im Brustkorb und in der Brustwirbelsäule erleichtert und fördert die Tätigkeit von Lunge und Herz.

Die Lunge ist eine wichtige Vitalquelle und unterstützt unsere Haut sowie unsere Fähigkeit, anderen Menschen zu begegnen bzw. uns von diesen abzugrenzen. Mehr zu diesem Thema finden Sie unter der Energiedusche 7 »Atmung«.

Das Herz pumpt den Lebenssaft, das Blut, durch unseren Körper. Mit Hilfe dieser alles durchdringenden Kraft koordiniert unser Herz den Kopf mit unseren Gedanken, mit der AnTRIEBskraft des Beckens. Die daraus resultierende innere Bewegung drückt sich durch unsere Gefühle aus. Wenn diese Emotionen fließen oder, anders ausgedrückt, gefühlt (nicht verdrängt) werden, erleben wir Glück und Dankbarkeit für unseren inneren Reichtum.

Die Energiedusche 6 »Brustkorb & Brustwirbelsäule« unterstützt unsere Beweglichkeit im Brustkorb und dadurch die Wirbelsäule, die Atmung – Vitalität – und das Herz – Emotionen.

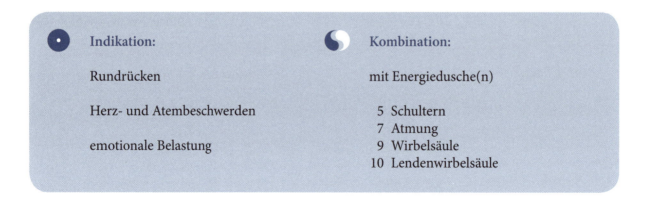

Indikation:

Rundrücken

Herz- und Atembeschwerden

emotionale Belastung

Kombination:

mit Energiedusche(n)

5 Schultern
7 Atmung
9 Wirbelsäule
10 Lendenwirbelsäule

Auf einen Blick

Arme schwingen ①
5 (3) Varianten in 1 Min.

Rückenmuskulatur kräftigen ②
2 Min.

Sturzflug ③
30 Sek.

Seitliche Dehnung ④
beide Seiten in 1 Min.

Großer Brustmuskel ⑤
beide Seiten in 1 Min.

Zwerchfellmassage ⑥
30 Sek.

Brustbeinbewegung ⑦
1 Min.

Auslockern & Körper wahrnehmen ⑧
1 Min.

> Position ❶: Stehen Sie bequem und schulterbreit mit leicht gebeugten Knien.

❶ Arme schwingen

1 Min.

a
5x links und rechts

b
5x links und rechts

c
5x links und rechts

Ihre Arme und Schultern hängen locker nach unten. Drehen Sie mit Schwung Oberkörper, Becken und Kopf abwechselnd zur linken und zur rechten Seite. Die Fußsohlen bleiben dabei fest auf dem Boden stehen. Die Arme schwingen locker mit und verursachen beim seitlichen Berühren des Körpers ein klopfendes Geräusch.

Während Sie sich weiterdrehen, heben Sie die Arme in Schulterhöhe. Der Kopf dreht dabei zur Seite, und Ihre Augen folgen den Armen und Händen nach hinten.

Drehen Sie weiter, und heben Sie die Arme über den Kopf. Kopf und Augen drehen dabei in Richtung Ihrer Arme und Hände.

d
Wiederholen Sie *b* (5 x links und rechts).

e
Wiederholen Sie *a* (5 x links und rechts).

Zum Abschluss verlangsamen Sie die Drehbewegung bis zum Stillstand und spüren das Pulsieren, das sich im Inneren des Körpers fortsetzt.

Position ❷: Stehen Sie bequem, schulterbreit mit leicht gebeugten Knien. Kippen Sie das Becken leicht nach vorn, ohne den Oberkörper bzw. die Schultern nach hinten zu verlagern.

➡ Bilden Sie in dieser Position kein Hohlkreuz.

a
30 Sek.
Verschränken Sie die Finger, und heben Sie beide Arme gestreckt über den Kopf. Ziehen Sie anschließend beide Arme nach hinten. Die Atmung fließt tief in Ihren Brustkorb hinein, und Sie spüren, wie sich dieser bei jedem Atemzug ausdehnt.

b
5 x jede Seite in 15 Sek.
Die Arme bleiben gestreckt über dem Kopf. Drehen Sie den Oberkörper abwechselnd nach rechts und links. Atmen Sie auf einer Seite ein, auf der anderen aus.

c
30 Sek.
Halten Sie die seitlich verdrehte Position für 15 Sek. auf einer Seite. Spüren Sie, wie die Atmung tief hinauf bis in die Lungenspitzen fließt.
Halten Sie dann für 15 Sek. die seitlich verdrehte Position auf der anderen Seite.

d
15 Sek.
Drehen Sie den Oberkörper in die gerade Position. Die Arme bleiben gestreckt über dem Kopf. Wippen Sie sanft mit Ihren Armen in kleinen Bewegungen nach hinten.

e
30 Sek.
Lassen Sie die Arme langsam sinken. Dehnen, strecken und lockern Sie Rücken, Schultern und Arme. Finden Sie angenehme Bewegungen, um die gekräftigte Rückenmuskulatur zu lockern. Die Atmung fließt noch immer tief in Ihren Brustkorb.

Rückenmuskulatur kräftigen ❷

2 Min.

➡ Der Nacken bleibt ganz locker.

a + d

b + c

> **Position ③:** Stehen Sie bequem und schulterbreit mit gebeugten Knien, und beugen Sie den Oberkörper nach vorn. Strecken Sie dann beide Arme über den Kopf, und legen Sie die Hände auf einen stabilen, in etwa tischhohen Gegenstand.

③ Sturzflug

30 Sek.

Drücken Sie mit den Schultern nach unten, und spüren Sie dabei die Dehnung im Brust- und Schulterbereich. Die Atmung fließt dabei tief in Ihren Bauchraum.

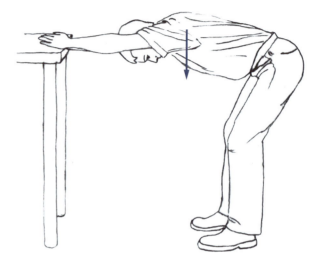

④ Seitliche Dehnung

1 Min.

> **Position ④:** Stehen Sie im breiten, bequemen Stand mit leicht gebeugten Knien.

Strecken Sie den linken Arm über den Kopf, und beugen Sie den Oberkörper nach rechts, soweit es Ihnen angenehm ist. Der Kopf hängt dabei locker zur rechten Seite. Atmen Sie in den linken, seitlichen Brust- und Schulterbereich. Spüren Sie, wie die linke Seite mit jedem Atemzug gedehnt wird.

Nach ca. 30 Sek. dehnen Sie die rechte Seite.

Position ❺: Stehen Sie seitlich an einer stabilen Wand, und fixieren Sie den rechten Unterarm an dieser. Der Oberarm ist im rechten Winkel zum Unterarm und zum Körper.

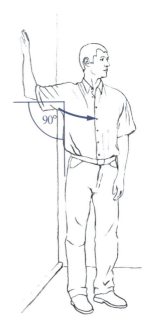

Großer Brustmuskel ❺

beide Seiten in 1 Min.

Drehen Sie den rechten Oberkörper nach vorn, bis Sie im Brustbereich eine angenehme Dehnung spüren. Atmen Sie jetzt tief in den Brustkorb bis hinauf in die Lungenspitzen.

Nach ca. 30 Sek. dehnen Sie die linke Seite.

Position ❻: Genießen Sie die folgende Übung im Sitzen.

Zwerchfellmassage

30 Sek.

➡ **Massage ist niemals schmerzhaft.**

Entspannen Sie den Bauchraum, und massieren Sie mit den Fingerspitzen den Zwerchfellbereich. Mit der Ausatmung drücken Sie tief unter den Rippenbogen und bewegen dort langsam kreisend Ihre Fingerspitzen. Spüren Sie dabei das angenehme Loslassen der Muskulatur im oberen Bauchraum.

➡ **Drücken Sie nicht auf den Schwertfortsatz!**

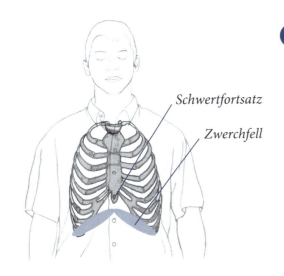

> Position ❼: Im Sitzen legen Sie beide Hände locker auf die Oberschenkel. Rutschen Sie mit dem Gesäß so weit nach vorne, dass Sie den Rücken auch nach hinten bewegen können. Die Fußsohlen stehen dabei fest auf dem Boden.

❼ Brustbeinbewegung

1 Min.

➡ Bewegen Sie bei den folgenden Übungen vor allem Ihren Brustkorb. In den Schultern und der Lendenwirbelsäule finden nur ganz kleine Bewegungen statt.

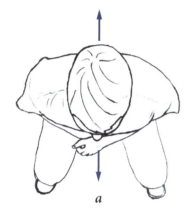
a

a
3 Atemzüge

Ziehen Sie das Brustbein beim Einatmen gerade nach vorne. Mit dem Ausatmen ziehen Sie die Brustwirbelsäule gerade nach hinten. Stellen Sie sich ein Seil vor, das am Brustbein nach vorne bzw. an der Brustwirbelsäule nach hinten zieht.

b
3 Atemzüge

Ziehen Sie das Brustbein beim Einatmen seitlich schräg nach vorne. Bei der Ausatmung ziehen Sie mit den Rippen diagonal schräg seitlich nach hinten. Stellen Sie sich wieder ein Seil vor, das Sie abwechselnd schräg nach vorne und nach hinten zieht.

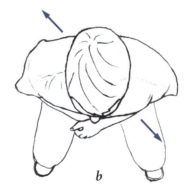
b

c
3 Atemzüge

Wie *b*, aber in der anderen Diagonale.

d
3 Kreise zu jeder Seite

Kreisen Sie mit dem Brustkorb. Ziehen Sie mit dem Brustbein nach vorne, dann schräg zur Seite. Mit den Rippen zur Seite, weiter nach schräg hinten, dann mit der Brustwirbelsäule nach hinten und weiter, bis Sie wieder vorne am Brustbein anlangen. Atmen Sie während eines Kreises ein und während des nächsten aus. Nach 3 Kreisen wechseln Sie die Richtung.

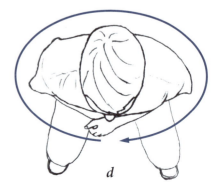
d

> Position ❽: Genießen Sie die folgende Übung in stehender Position.

Auslockern & Körper wahrnehmen

1 Min.

Lockern und schütteln Sie den ganzen Körper für 30 Sek., besonders Schulter-, Arm- und Brustbereich. Schließen Sie zum Abschluss die Augen, und füllen und leeren Sie Ihren Brustkorb mit 3 tiefen, kräftigen Atemzügen.

Tipps & Tricks für Brustkorb & Brustwirbelsäule

Viele verschiedene Bewegungen im Brustkorb und der Brustwirbelsäule sind die beste Möglichkeit, diesen Bereich mit vitalem Wohlbefinden zu füllen. Zahlreiche moderne Tanztechniken (Afro-, Jazzdance, Kontaktimprovisation usw.) und Wirbelsäulengymnastik sind dafür besonders gut geeignet.

Besonders wirksame körpertherapeutische Methoden, um Ihren Brustkorb zu unterstützen, sind:
- Shiatsu
- Thai-Yoga-Massage
- Posturale Integration
- Rebalancing u. a.

7 Atmung

Vitalität – Freiheit – Kontakt – Abgrenzung

Die Lunge ist eine wichtige Vitalitätsquelle. Menschen mit großem Lungenvolumen steht mehr Energie und Kraft zur Verfügung. Durch Auslastung unserer Lungenkapazität werden Kreislauf und Stoffwechsel angeregt und unser Immunsystem unterstützt.

Die Atmung ist unsere direkte Verbindung mit der Außenwelt. Beim Einatmen nehmen wir ein Stück Leben aus der Luft und geben mit der Ausatmung für uns nicht Verwertbares an unsere Umwelt ab. Durch richtiges Atmen entsteht ein Gefühl von Ausdehnung und Freiheit. In dieser Ausdehnung erleben wir Freude an unserem sozialen Umfeld. Aus dieser Freiheit heraus haben wir die Fähigkeit, uns bei Bedarf abzugrenzen.

Durch schlechte Luft, schlechte Haltung und mangelnde Bewegung sind Menschen – vor allem in Großstädten – starken Belastungen im Lungenbereich ausgesetzt. Oft werden ganze Teile der Lunge kaum oder mangelhaft beatmet. Die Folge davon sind: Energiemangel, ein Gefühl der Isolation, Allergien und diverse Haut- und Lungenkrankheiten.

Die Energiedusche 7 »Atmung« unterstützt die Vitalität, das Immunsystem und unser soziales Wohlbefinden.

➡ **Früh am Morgen entfaltet die Energiedusche 7 »Atmung« ihre stärkste Wirkung.**

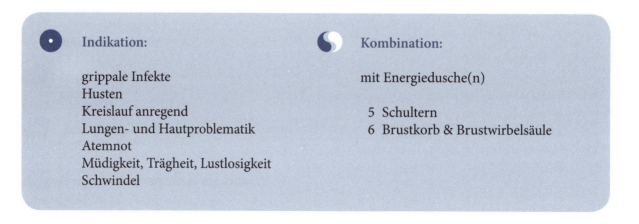

Indikation:

grippale Infekte
Husten
Kreislauf anregend
Lungen- und Hautproblematik
Atemnot
Müdigkeit, Trägheit, Lustlosigkeit
Schwindel

Kombination:

mit Energiedusche(n)

5 Schultern
6 Brustkorb & Brustwirbelsäule

Auf einen Blick

Finger verschränken ❶
4 Wiederholungen in 30 Sek.

Arme ausbreiten ❷
4 Wiederholungen in 30 Sek.

Arme schließen ❸
4 Wiederholungen in 30 Sek.

Zur Seite drücken ❹
4 Wiederholungen in 30 Sek.

Himmel und Erde teilen ❺
2 Wiederholungen zu jeder Seite in 30 Sek.

Schräg zum Himmel drücken ❻
2 Wiederholungen zu jeder Seite in 30 Sek.

Akupressur ZHONGFU & Massage Lungenmeridian ❼
1½ Min.

Lungenmeridiandehnung ❽
30 Sek.

Lungenreflexzone ❾
30 Sek. massieren

Zwerchfellmassage ❿
30 Sek.

Wellenförmige Atmung ⓫
1 Min.

Auslockern & Körper wahrnehmen ⓬
1 Min.

> Position ❶–❻: Stehen Sie schulterbreit und bequem mit leicht gebeugten Knien. Achten Sie darauf, dass der Oberkörper vorne bleibt, so dass Sie bei den folgenden Übungen kein Hohlkreuz bilden. Nehmen Sie beim Einatmen viel Luft in Ihre Lungen auf. Leeren Sie die Lunge möglichst vollständig mit der Ausatmung.

❶ Finger verschränken

4 Wiederholungen in 30 Sek.

Verschränken Sie die Finger. Beim Einatmen heben Sie beide Arme gestreckt im Bogen vorne, über den Kopf nach hinten. Die Schultern bleiben unten und werden dabei nicht hochgezogen.

Mit der Ausatmung lassen Sie beide Arme langsam im Bogen zurück in die Ausgangsstellung sinken.

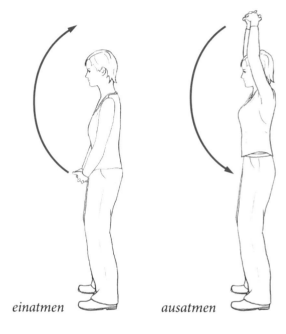

einatmen *ausatmen*

❷

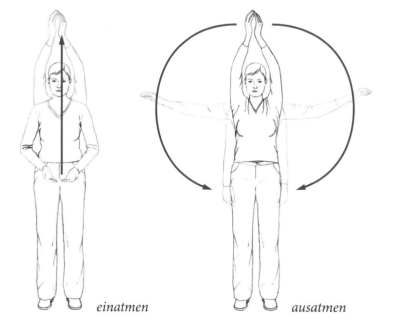

einatmen *ausatmen*

Arme ausbreiten

4 Wiederholungen in 30 Sek.

Heben Sie beim Einatmen beide Hände am Körper entlang bis über den Kopf. Die Handflächen sind dabei zur Decke gedreht. Am Ende der Bewegung drehen Sie die Handflächen zueinander.

Mit der Ausatmung drehen Sie die Handflächen nach außen und lassen beide Arme zurück in die Ausgangsstellung sinken.

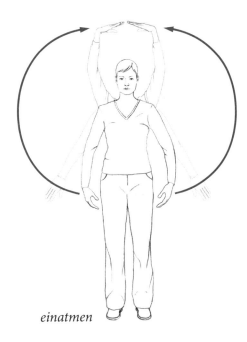

Arme schließen ❸

4 Wiederholungen
in 30 Sek.

einatmen   *ausatmen*

Beim Einatmen breiten Sie beide Arme gestreckt über die Seite hinauf bis über den Kopf. Spüren Sie dabei eine natürliche Drehbewegung im Arm- und Schulterbereich.

Mit der Ausatmung lassen Sie beide Arme vor dem Körper nach unten sinken. Die Handflächen sind dabei nach unten gerichtet.

Zur Seite drücken

4 Wiederholungen
in 30 Sek.

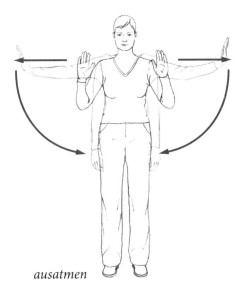

❹ Atmung

einatmen   *ausatmen*

Beim Einatmen heben Sie beide Arme vor dem Körper bis auf Brusthöhe. Die Handflächen sind dabei zur Decke gedreht. In Schulterhöhe drehen Sie die Handflächen nach vorne.

Mit der Ausatmung drücken Sie zuerst mit beiden Handflächen zur Seite und dann nach unten zurück in die Ausgangsstellung.

5 Himmel und Erde teilen

2 Wiederholungen zu jeder Seite
in 30 Sek.

Beim Einatmen heben Sie beide Arme vor dem Körper bis vor den Brustkorb mit nach oben gedrehten Handflächen. Die linke Hand wandert weiter hinauf, die Handfläche dreht dabei über vorne um 360 Grad und zeigt zum Himmel. Drehen Sie gleichzeitig die rechte Handfläche nach unten, und führen Sie den Arm wieder nach unten. Drücken Sie am Ende der Einatmung gleichzeitig mit einer Handfläche zum Himmel und mit der anderen zur Erde. Spüren Sie dabei die diagonale Dehnung im Brustbereich.

einatmen

ausatmen

Mit der Ausatmung lösen Sie die Spannung in beiden Armen und Händen und senken den linken Arm seitwärts bis Schulterhöhe. Gleichzeitig heben Sie den rechten Arm gestreckt zur Seite bis auf Schulterhöhe. Anschließend senken Sie beide Arme zurück in die Ausgangsstellung.

Wechseln Sie beim nächsten Atemzug die Seiten.

Schräg zum Himmel drücken ⑥

2 Wiederholungen zu jeder Seite
in 30 Sek.

Mit dem Einatmen drehen Sie den Oberkörper zur Seite. Heben Sie dabei die Arme über den Kopf, und drücken Sie mit den Handflächen schräg zum Himmel hinauf. Spüren Sie dabei eine angenehme Dehnung seitlich im Brustkorb.

Mit der Ausatmung entspannen Sie sich wieder und kommen zurück in die gerade Ausgangsstellung.

Strecken Sie sich beim nächsten Atemzug zur anderen Seite.

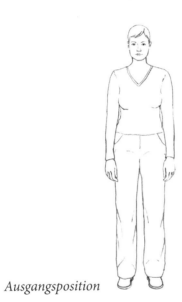
Ausgangsposition

einatmen

Position **7** – **9**: Genießen Sie die folgenden Übungen im Stehen.

7 Akupressur & Massage

1½ Min.

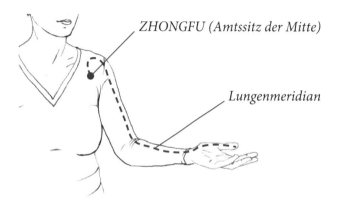

➡ Maßangabe:
Ihre Daumenbreite = 1 Cun.

➡ Tiefes Akupressieren soll nicht schmerzen, sondern ein angenehmes Loslassen in der Muskulatur bewirken.

Wenn Sie das linke Schlüsselbein an der Unterseite nach außen tasten, dann spüren Sie kurz vor dem Oberarm eine Grube. 1 Cun unterhalb des Schlüsselbeins, in dieser Grube, befindet sich ZHONGFU. Drücken Sie diesen Punkt für 30 Sek. tief mit Zeige-, Mittel- und Ringfinger der rechten Hand. Die linke Schulter ist entspannt, und Sie atmen tief in den Brustkorb bis hinauf in die Lungenspitzen.

Anschließend massieren und drücken Sie ungefähr 15 Sek. lang mit Handballen und Daumen den Lungenmeridian von der Schulter bis hinunter zum Daumen. Der Lungenmeridian fließt wie gezeichnet von der Schulter an den Innenseiten der Arme daumenseitig bis zum Daumen.

Nehmen Sie sich auch für die rechte Seite ungefähr 45 Sek. Zeit.

ZHONGFU gibt Kraft für die Lungen, Brust und Arme, hilft bei flacher Atmung und lindert Schulterschmerzen und Husten.

Lungenmeridiandehnung

30 Sek.

Verschränken Sie die Daumen hinter Ihrem Körper. Die Zeigefinger sind dabei ausgestreckt, die 3 anderen Finger gebeugt. Beugen Sie Ihren Oberkörper nach vorn, und strecken Sie gleichzeitig beide Arme über den Kopf, Richtung Boden.

Halten Sie diese Position. Stellen Sie sich beim Einatmen Energie vor, die vom Daumen den Lungenmeridian entlang bis zu den Schultern weiter zur Lungenreflexzone (siehe **9**) am Rücken fließt. Beim Ausatmen fließt die Energie wieder zurück den Lungenmeridian entlang zum Daumen.

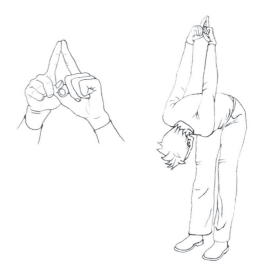

➡ **Rückenstrecker = Muskulatur neben der Wirbelsäule. Maßangabe: Ihre Daumenbreite = 1 Cun.**

Lungenreflexzone

30 Sek. massieren

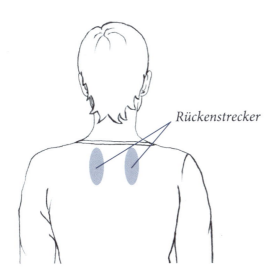

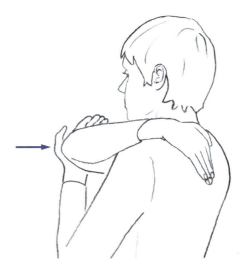

Massieren Sie mit den Fingerspitzen die Lungenreflexzone am oberen Rücken. Das ist der Bereich 1–2 Cun neben den oberen 3 Brustwirbeln am Rückenstrecker.

Nehmen Sie die rechte Hand für den linken Rückenstrecker und umgekehrt. Die linke Hand kann dabei den rechten Ellbogen vorne in Richtung linker Schulter drücken.

> **Position 10:** Setzen Sie sich bequem, und achten Sie darauf, dass die Fußsohlen am Boden stehen.

10 Zwerchfellmassage

30 Sek.

➡ **Massage ist niemals schmerzhaft.**

Entspannen Sie den Bauchraum, und massieren Sie mit den Fingerspitzen den Zwerchfellbereich. Mit der Ausatmung drücken Sie tief unter den Rippenbogen und bewegen dort langsam kreisend Ihre Fingerspitzen. Spüren Sie dabei das angenehme Loslassen der Muskulatur im oberen Bauchraum.

➡ **Drücken Sie nicht auf den Schwertfortsatz!**

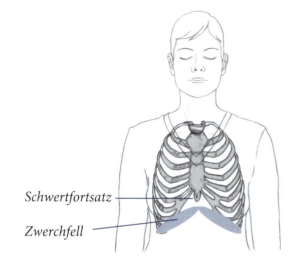

Schwertfortsatz
Zwerchfell

> **Position 11:** Entspannen Sie sich im Sitzen. Der Rücken ist gerade, und die Fußsohlen stehen am Boden.

11 Wellenförmige Atmung

1 Min.

Legen Sie eine Hand auf den Bauch unter den Nabel. Die andere liegt am oberen Brustkorb unter dem Schlüsselbein. Atmen Sie tief in Ihre Lungen hinein. Spüren Sie durch die untere Hand, wie sich mit der Einatmung zuerst der untere Bauchraum hebt. Wie eine Welle hebt sich dann der obere Bauchraum und der Solarplexus. Die Welle steigt noch höher bis zum Brustkorb und hinauf in die Lungenspitzen, wo ihre obere Hand liegt.

Beim Ausatmen lassen Sie die Luft durch Entspannung wieder aus dem Körper gleiten. Die Welle der Entspannung dehnt sich von den Lungenspitzen bis in den unteren Bauchraum aus.

Position ⓬: Genießen Sie die nächste Übung in stehender Position.

Auslockern & Körper wahrnehmen ⓬

1 Min.

Lockern Sie den ganzen Körper für 30 Sek., besonders Schulter-, Arm- und Brustbereich. Zum Abschluss spüren Sie mit geschlossenen Augen die Vitalität, die jetzt durch Ihren Körper pulsiert.

Tipps & Tricks für die Atmung

➡ **So oft wie möglich lüften.**

➡ **Luftbefeuchter (besonders im Winter).**

Frische, feuchte Luft ist Medizin für unsere Lunge. Unterstützen Sie Ihre Atmung mit naturreinen ätherischen Ölen in einer Duftlampe. Besonders geeignet sind alle Nadelbaumdüfte, z. B. Tanne, Fichte, Kiefer etc.

Meeres- und Waldluft (Nadelwälder) helfen die Regenerationsfähigkeit unserer Lunge anzuregen. Versuchen Sie in Ihrer Freizeit und/oder im Urlaub möglichst viel Meeres- und Waldluft zu atmen.

Die Energiedusche 7 »Atmung« und andere Atemübungen entfalten ihre stärkste Wirkung in frischer Luft, zeitig am Morgen.

8 Verdauung

Konzentration – Ruhe – Geduld

YANG
Essenz
Aufnahme

YIN
Unbrauchbares
Ausscheidung

Durch den Verdauungsprozess kann unser Körper die verwertbaren Essenzen der Nahrung aufnehmen. Die Verdauung beginnt mit dem Zerkleinern und Einspeicheln im Mund. Das „gute Kauen" ist deshalb so wichtig und gesund, weil durch den Speichel die ersten Verdauungsenzyme dem Speisebrei beigemengt werden. Magen und Dünndarm verarbeiten und trennen die Nahrung in essenzielle Teile, die wir aufnehmen, und in Unbrauchbares, das wir an den Dickdarm weiterleiten. Dort werden flüssige Bestandteile extrahiert und die nicht verwertbaren Nahrungsbestandteile durch den Kot ausgeschieden.

Der Verdauungstrakt unterstützt uns zusätzlich bei der Verarbeitung aller geistigen und emotionalen Eindrücke. Er hilft uns bei der Auswahl der für uns brauchbaren und relevanten Informationen und Emotionen. Die unwesentlichen Eindrücke treten in den Hintergrund und werden schließlich vergessen. Durch diesen Verarbeitungsprozess schaffen wir Raum für neue Erfahrungen.

Unser Verdauungstrakt ist durch die Überflussgesellschaft oft sehr angespannt und überlastet. Körperlich, emotional und psychisch können wir das Wesentliche vom Unwesentlichen nicht trennen. Aufnahme und Ausscheidung funktionieren nicht optimal.

Menschen mit einem guten Verdauungstrakt zeichnen sich durch Geduld, Ruhe und Konzentrationsstärke aus. Die Energiedusche 8 »Verdauung« wird Ihnen dabei helfen, diese Eigenschaften zu stärken.

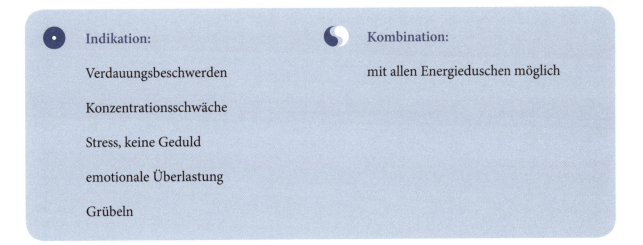

- Indikation:

  Verdauungsbeschwerden

  Konzentrationsschwäche

  Stress, keine Geduld

  emotionale Überlastung

  Grübeln

- Kombination:

  mit allen Energieduschen möglich

Auf einen Blick

Bauch drücken ①
8 Wiederholungen in 1 Min.

Nabel massieren ②
30 Sek.

Dickdarm massieren ③
beide Richtungen für jeweils 30 Sek.

Zwerchfellmassage ④
30 Sek.

Oberschenkel dehnen ⑤
beide Beine für jeweils 30 Sek.

Akupressur TIANSHU & ZHONGWAN ⑥
für jeweils 30 Sek.

Magenmeridian anregen ⑦
8 Wiederholungen in 1 Min.

Akupressur ZUSANLI & SANYINJAO ⑧
beide Punkte gleichzeitig; beide Beine für jeweils 30 Sek.

Auslockern & Körper wahrnehmen ⑨
1 Min.

➡ ❶–❾: Die letzte größere Nahrungsaufnahme sollte mindestens 1 Stunde zurückliegen. Wenn möglich, lockern Sie Gürtel oder Knöpfe an Ihrer Kleidung. Dadurch schaffen Sie mehr Raum für Ihren Verdauungstrakt.

> **Position ❶–❹:** Genießen Sie die folgenden Massagen im Sitzen.

❶

Bauch drücken

8 Wiederholungen in 1 Min.

Legen sie beide Hände locker auf den Nabel. Atmen Sie tief in den Bauchraum, so dass sich der Bauch mit der Einatmung hebt.

Entspannen Sie sich beim Ausatmen, und leeren Sie dabei vollständig Ihre Lungen. Verstärken Sie die Ausatmung durch angenehmen Druck Ihrer Hände auf den Bauchnabel.

❷ Nabel massieren

30 Sek.

Massieren Sie tief und kreisförmig mit Ihren Fingerspitzen ca. 1 Daumenbreite rund um Ihren Nabel.

Dickdarm massieren ❸

beide Richtungen in 1 Min.

Streichen Sie kräftig und kreisförmig den Bauchrand mit den Hand- und Fingerflächen. Legen Sie dazu beide Hände übereinander, um mehr Druck ausüben zu können. Atmen Sie bei einem Kreis ein und beim nächsten aus.

Beginnen Sie im Dickdarmverlauf, und wechseln Sie die Richtung nach 30 Sek.

➡ **Streichen Sie bei Neigung zu Verstopfung nur im Dickdarmverlauf. Bei breiigem Stuhl oder Durchfall in die andere Richtung.**

Dickdarmverlauf

Zwerchfellmassage

30 Sek.

➡ **Massage soll immer angenehm sein.**

Entspannen Sie den Bauchraum, und massieren Sie mit den Fingerspitzen den Zwerchfellbereich. Drücken Sie mit der Ausatmung tief unter den Rippenbogen. Spüren Sie die angenehme Öffnung im oberen Bauchraum.

➡ **Drücken Sie nicht auf den Schwertfortsatz!**

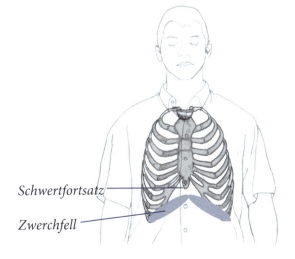

Schwertfortsatz
Zwerchfell

Position ❺: Stehen Sie auf einem Bein, und halten Sie sich mit einer Hand an einem stabilen Gegenstand fest, um das Gleichgewicht zu halten.

❺

Oberschenkel dehnen

beide Beine in 1 Min.

Fassen Sie den freien Fuß, und ziehen Sie ihn in Richtung Gesäß. Achten Sie darauf, dass die Knie dabei zusammenbleiben. Gleichzeitig schieben bzw. drücken Sie die Hüfte des gebeugten Beins nach vorne. Spüren Sie die angenehme Dehnung an der Oberschenkelvorderseite.

Wechseln Sie nach 30 Sek., und dehnen Sie das andere Bein.

Position ❻–❽: Bei den folgenden Akupressuren und Massagen setzen Sie sich bequem auf einen Stuhl.

Akupressur TIANSHU & ZHONGWAN ⑥

1 Min.

➡ Akupressieren soll niemals schmerzen, sondern ein angenehmes Loslassen in der Muskulatur bewirken.

➡ Ihre Daumenbreite = 1 Cun.

ZHONGWAN befindet sich in der Mitte zwischen dem Nabel und dem unteren Ende des Brustbeins (nicht Schwertfortsatz). Drücken Sie für 30 Sek. mit den Mittelfingern beider Hände tief ZHONGWAN.

ZHONGWAN kräftigt den Körper und lindert Magenschmerzen, Brechreiz, Völlegefühl und Blähbeschwerden.

TIANSHU befindet sich 2 Cun links und rechts neben der Nabelmitte. Drücken Sie beide Seiten gleichzeitig tief mit Zeige-, Mittel- und Ringfinger für 30 Sek.

TIANSHU wirkt entspannend auf Kopf, Hals und Nacken, regt die Darmperistaltik an, hilft bei Verstopfung und lindert Bauchschmerzen, Völlegefühl und Übelkeit.

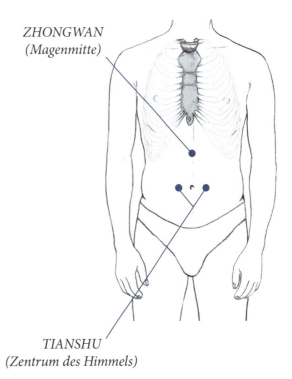

ZHONGWAN (Magenmitte)

TIANSHU (Zentrum des Himmels)

Magenmeridian anregen ⑦

8 Wiederholungen in 1 Min.

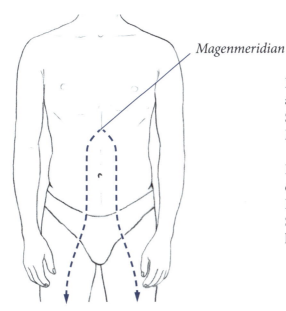

Magenmeridian

Legen Sie die Fingerspitzen beider Hände locker auf den Magen direkt unter dem Brustbein. Atmen Sie tief in den oberen Bauchraum, so dass sich der Magenbereich ausdehnt.

Beim Ausatmen streichen Sie langsam mit den Fingerspitzen den Magenmeridian (2 Cun neben der Mittellinie) Richtung Becken. Beenden Sie die Bewegung durch schnelles Hinunterstreifen vom Schambein in den vorderen Teil des Oberschenkels.

⑧ Akupressur SANYINJAO & ZUSANLI

1 Min.

➡ **Akupressieren soll niemals schmerzen, sondern ein angenehmes Loslassen in der Muskulatur bewirken.**

➡ **Ihre Daumenbreite = 1 Cun.**

Legen Sie im Sitzen den linken Unterschenkel auf den rechten Oberschenkel. Massieren Sie tief und kreisförmig gleichzeitig die beiden abgebildeten Akupressurpunkte am linken Bein. Verwenden Sie den Daumen der rechten Hand für SANYINJAO und gleichzeitig Zeige-, Mittel- und Ringfinger der linken Hand für ZUSANLI. Akupressieren Sie nach 30 Sek. das rechte Bein.

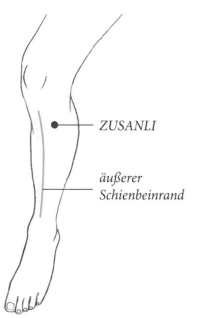

ZUSANLI (Großer Heiler)
Meisterpunkt des Bauches
Tor der Ausdauer und Vitalität

ZUSANLI befindet sich 1 Handbreite unterhalb des Unterrandes Ihrer Kniescheibe und 1 Cun seitlich (nach außen) des vorderen Schienbeinrandes, an der Schienbeinmuskulatur.
 ZUSANLI vitalisiert und kräftigt die Beine und lindert Verdauungsbeschwerden, Knie- und Bauchschmerzen.

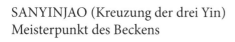

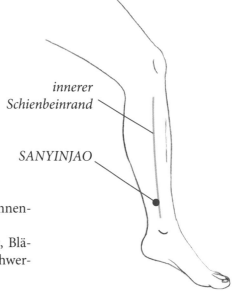

SANYINJAO (Kreuzung der drei Yin)
Meisterpunkt des Beckens

SANYINJAO befindet sich 1 Handbreite über der Spitze des Innenknöchels an der inneren Schienbeinrückseite.
 SANYINJAO hilft bei chronischer Müdigkeit, Erschöpfung, Blähungen, Völlegefühl, Durchfall und lindert Menstruationsbeschwerden.

> Position ❾: Genießen Sie die nächste Übung in stehender Position.

Auslockern & Körper wahrnehmen
❾

1 Min.

Lockern Sie den ganzen Körper, und atmen Sie dabei tief in den Bauchraum. Zum Abschluss schließen Sie die Augen für 30 Sek. und legen beide Hände auf den Bauch. Spüren Sie die kraftvolle Entspannung, die vom Bauch ausgehend Ihren Körper durchdringt.

Tipps & Tricks für die Verdauung

Auf Grund der Unmenge an Diäten und Ernährungsempfehlungen wissen wir überhaupt nicht mehr, welche Nahrungsmittel gesund oder ungesund sind.

Es gibt keine allgemein gültigen Diätvorschriften. Jeder Konstitutionstyp braucht andere Lebensmittel verschieden zubereitet. Es gibt aber allgemeine Ratschläge, mit denen Sie Ihre Ernährung gesund gestalten können:

1. **Genießen Sie mit Dankbarkeit die Ihnen gegebene Nahrung.**
2. Nehmen Sie sich Zeit, und kauen Sie jeden Bissen 10–20 Mal. Die gesündeste Küche nützt wenig, wenn Sie Ihr Essen hinunterschlingen. Der Verdauungsprozess beginnt im Mund mit dem Zerkleinern und Einspeicheln.
3. Essen und trinken Sie hochwertige (aus biologischer Landwirtschaft) und chemisch unbehandelte Lebensmittel.
4. Die Produkte aus Ihrer Region, gewachsen in der jeweiligen Jahreszeit, sind für den Körper gut verträglich.
5. Ziehen Sie Mischkost einseitigen Diäten vor.
6. Essen Sie täglich frisches Obst und Gemüse. Nehmen Sie diese in der kalten Jahreszeit in gekochter Form zu sich (Kompotte, Suppen usw.).
7. Ziehen Sie reines Wasser anderen Getränken vor.
8. In unserer Gesellschaft sind Zucker und Salz meist überdosiert. Überprüfen Sie, ob das auch auf Sie zutrifft. Wenn ja, dann versuchen Sie diese Produkte zu reduzieren.
9. **Essen Sie in der Früh wie ein König, zu Mittag wie ein Edelmann und am Abend wie ein Bettler.**

9 Wirbelsäule

RÜCKhalt – Vertrauen – Flexibilität

Die doppel-S-förmig gekrümmte Wirbelsäule befindet sich im Zentrum des Menschen. Sie schützt das Rückenmark und erfüllt eine wichtige Bewegungs-, Halte- und Stützfunktion. Die Wirbelsäule besteht aus 24 Wirbelkörpern, die untereinander gelenkig verbunden sind. Die Summe der Beweglichkeit dieser Gelenke ermöglicht uns Drehungen und Bewegungen nach vorne, zurück, links und rechts.

Im Wirbelkanal befindet sich das Rückenmark. Dies sind Nervenleitbahnen mit Informationen vom Gehirn an den Körper bzw. vom Körper zum Gehirn. Durch Zwischenwirbellöcher treten die Nerven aus dem Rückenmark und versorgen den ganzen Körper. Daher wirkt sich der Zustand der Wirbelsäule direkt auf die Nervenversorgung des Körpers aus.

Sehnen, Bänder, Knorpelgewebe und Bandscheiben nehmen durch Ansaugen im entspannten Zustand, wie bei einem Schwamm, frische Nährstoffe auf. Durch Zug oder Druck werden Schlackenstoffe, die Abfallprodukte des Stoffwechsels, an die Gewebsflüssigkeit abgegeben. Durch Gelenkmobilisation (= Bewegung), d. h. abwechselnden Zug bzw. Druck und Entspannung werden die Gelenkbestandteile ernährt und entschlackt.

➡ **Durch regelmäßige Bewegung wird der Stoffwechsel in den Bandscheiben und Wirbelgelenken angeregt. Frische Nährstoffe werden aufgenommen und verbrauchte Schlackenstoffe abgegeben.**

Für Bewegungsabläufe ist die Funktionstüchtigkeit jedes einzelnen Gelenks wichtig. Funktioniert ein Gelenk nicht richtig, so werden andere stärker beansprucht, um diese Bewegungseinschränkung zu kompensieren. Durch diese Belastung kommt es zuerst zu Verspannungen, dann zu Schmerzen und in der Folge zu erneuten Bewegungseinschränkungen. Dieser Kreislauf setzt sich fort, und die Bewegungsmöglichkeiten werden immer geringer. Durch die zentrale Stellung der Wirbelsäule und der darin liegenden Nervenbahnen wirken sich Einschränkungen im Wirbelbereich fundamental auf das menschliche Dasein aus.

Zusätzlich wirkt der Zustand unserer Wirbelsäule auf unsere geistige und emotionale Flexibilität und gibt oder nimmt uns RÜCKhalt und Vertrauen.

Die Energiedusche 9 »Wirbelsäule« unterstützt die Muskulatur, Bandscheiben und Gelenke unserer Wirbelsäule und wirkt positiv auf die Nervenstränge des Rückenmarks.

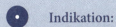 Indikation:

Verspannungen und Schmerzen im Rücken

Bewegungseinschränkung und Schmerzen in der Wirbelsäule

 Kombination:

mit Energiedusche(n)

- 4 Nacken
- 6 Brustkorb & Brustwirbelsäule
- 10 Lendenwirbelsäule
- 11 Hüfte & Becken

Auf einen Blick

Schlange ①
1 Min. hinauf & 1 Min. hinunter

Pendel ②
1 Min. hinauf & 1 Min. hinunter

Drehen ③
1 Min. hinauf & 1 Min. hinunter

Gummiband ④
2 Varianten in 1 Min.

Auslockern & Körper wahrnehmen ⑤
1 Min.

➡ Die Bewegungen der Energiedusche 9 »Wirbelsäule« sind etwas schwieriger zu erlernen als die anderen Energieduschen. Lassen Sie sich nicht entmutigen, wenn Sie die Übungen nicht sofort perfekt ausführen. Riskieren Sie ein paar Fehlversuche.

➡ Die Energiedusche 9 »Wirbelsäule« ist eine Mischung aus Aufmerksamkeit und tatsächlich ausgeführten Bewegungen. Das angenehm warme und vitale Gefühl in Ihrer Wirbelsäule wird Sie für Ihre Bemühungen ausreichend entschädigen.

Position ❶–❹: Stehen Sie schulterbreit und bequem mit leicht gebeugten Knien. Die Schultern und Arme hängen dabei locker nach unten.

Position ❶–❸: Versuchen Sie die Wirbelkörper möglichst einzeln zu bewegen. Alle Übungen sind eine Mischung aus Vorstellungskraft und tatsächlich ausgeführter Bewegung. Spüren Sie, in welchen Wirbelsegmenten Sie beweglich bzw. unbeweglich sind. Widmen Sie beim Wiederholen der Übungen den unbeweglichen Teilen ihrer Wirbelsäule mehr Aufmerksamkeit und Zeit.

Position ❶–❷: Für die Bewegungen im Lendenwirbelbereich bewegen Sie das Becken, im Brustwirbelbereich den Oberkörper und im Halswirbelbereich den Nacken. Versuchen Sie jedes Wirbelsegment einzeln zu mobilisieren.

❶ Schlange

2 Min.

Bewegen Sie Ihre Wirbelsäule schlangenförmig nach vorne und zurück.

Beginnen Sie mit der Schlangenbewegung zwischen dem Kreuzbein und dem untersten (5.) Lendenwirbel. Wirbel für Wirbel bewegen Sie nach vorne und zurück. Diese Bewegung dehnt sich schlangenförmig aus, über Brust- und Halswirbel bis zum Hinterkopfrand.

Nehmen Sie sich dafür 1 Min. Zeit.

➡ **Der Atlas ist der oberste Halswirbel.**

Bewegen Sie die Schlange nun 1 Min. lang wieder vom Atlas zurück nach unten zum Kreuzbein.

Pendel

2 Min.

Bewegen Sie Wirbel für Wirbel in einer sanften Pendelbewegung nach rechts und links. Nehmen Sie sich wieder vom Kreuzbein bis zum Hinterkopf 1 Min. Zeit.

Verwenden Sie die 2. Minute für die Pendelbewegung vom Atlas zurück zum Kreuzbein.

Position 3: Bei der nächsten Übung fixieren Sie den jeweils unteren Wirbel. Verdrehen Sie den jeweils darüber liegenden Wirbel wie unten beschrieben.

Drehen

2 Min.

Drehen Sie Wirbel für Wirbel abwechselnd nach links und rechts. Beginnen Sie am Kreuzbein und drehen Sie Wirbel für Wirbel bis zum Hinterkopf in 1 Min.

Verwenden Sie die 2. Minute für Drehbewegungen vom Atlas zurück zum Kreuzbein.

4 Gummiband

1 Min.

a

3 Wiederholungen in 30 Sek.

Dehnen Sie beim Ausatmen die gesamte Wirbelsäule. Beginnen Sie unten mit der Lendenwirbelsäule, indem Sie das Becken nach vorne kippen. Anschließend strecken Sie die Brustwirbelsäule durch eine Streckung des Oberkörpers nach hinten. Danach dehnen Sie den Halswirbelbereich, indem Sie das Kinn einziehen. Spüren Sie die angenehme Dehnung im gesamten Wirbelsäulenbereich.

Mit dem Einatmen lassen Sie die Wirbel vom Lendenbereich bis hinauf zum Nacken langsam in die S-förmige Ausgangsstellung zurückgleiten.

b

3 Wiederholungen in 30 Sek.

Mit dem Ausatmen ziehen sie die Wirbelsäule wie bei *a* beschrieben in die Länge.

Das Zurückgleiten in die S-Form beim Einatmen beginnt jetzt oben im Halswirbelbereich, setzt sich über die Brustwirbel fort und endet in der Lendenwirbelsäule.

 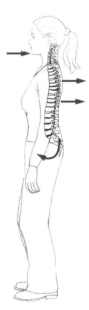

S-Form

Position ❺: **Genießen Sie die nächste Übung in stehender Position.**

Auslockern & Körper wahrnehmen

1 Min.

Lockern und schütteln Sie abschließend den ganzen Körper für 30 Sek.
    Danach spüren Sie mit geschlossenen Augen die Wirbelsäule vom Kreuzbein bis hinauf zum Hinterkopfrand. Die Atmung fließt dabei tief in den Bauchraum. Die Schultern hängen locker nach unten, und die Hände liegen am Bauch unter dem Nabel.

Tipps & Tricks für die Wirbelsäule

Wegen der vielen kleinen, gelenkigen Verbindungen der Wirbelsäule sind stoß- und erschütterungsarme Bewegungsarten, die den ganzen Körper bewegen, sehr gesund für die Wirbelsäule.
Einige Beispiele:
    Wirbelsäulengymnastik
    Gehen
    Wandern
    Tai Chi
    Skilanglaufen
    Walking
    sanftes Joggen auf weichem Untergrund

Sie können die 8-Minuten-Energieduschen auch zu einer ausgedehnten Wirbelsäulengymnastik-Einheit kombinieren.
Die empfohlene Reihenfolge:
    1 Gelenke
    4 Nacken
    5 Schultern
    6 Brustkorb & Brustwirbelsäule
   10 Lendenwirbelsäule
   11 Hüfte & Becken
    9 Wirbelsäule

Wenn Sie mehrere Energieduschen kombinieren, ist das Nachspüren am Ende jeder Übungseinheit nicht notwendig. Nehmen Sie sich ganz am Ende ein paar Minuten Zeit, um mit geschlossenen Augen Ihren Körper wahrzunehmen.

10 Lendenwirbelsäule

Stabilität – Rückhalt

Die Lendenwirbelsäule trägt das Gewicht des Oberkörpers, der Arme und des Kopfes. Deswegen finden wir in diesem Bereich die größten und stabilsten Wirbel. Die Lendenwirbelsäule ermöglicht uns Bewegungen nach vorn, zurück, nach links und rechts. Drehbewegungen sind im Lendenbereich nur sehr eingeschränkt möglich und sollten (besonders beim Heben) vermieden werden.

Die Lendenwirbelsäule ist die Verbindung zwischen dem Becken, dem Sitz unserer AnTRIEBskraft, und dem Brustkorb, dem Zentrum der Emotionen. Die Nervenbahnen, die im Bereich der Lendenwirbel aus dem Rückenmark austreten, versorgen das Becken, seine Organe, Gesäß, Beine und Füße.

Dieser Teil der Wirbelsäule mit der dazugehörigen Muskulatur verleiht uns physisch und psychisch Stabilität und Kraft. Der volkstümliche Begriff „Rückgrat haben oder zeigen" bezieht sich auf die Lendenwirbelsäule.

Durch den natürlichen Alterungsprozess verlieren wir an Beweglichkeit, Stabilität und Kraft im Lendenbereich. Besonders Stress beschleunigt diesen Prozess und verursacht bei vielen Menschen Kreuzschmerzen.

Stressreduktion, sanfte Bewegung und Massage unterstützen die Beweglichkeit und die Stabilität unserer Lendenwirbelsäule bis ins hohe Alter. Nutzen Sie die Gelegenheit, und schenken Sie sich Wohlbefinden mit Hilfe der Energiedusche 10 »Lendenwirbelsäule«.

Indikation:

Kreuzschmerzen

Ischiasbeschwerden

Stress

physisch und psychisch Rückgrat stärken

Kombination:

mit Energiedusche(n)

6 Brustkorb & Brustwirbelsäule
9 Wirbelsäule
11 Hüfte & Becken
12 Beine

Auf einen Blick

Hüftkreise ❶
2 Varianten in 1 Min.

Lenden-Qi-Gong ❷
8 Wiederholungen in 30 Sek.

Wirbelsäule auf- und abrollen ❸
2 Wiederholungen in 30 Sek.

Hüftbeuger dehnen ❹
beide Seiten in 1 Min.

Oberschenkel dehnen ❺
beide Beine in 1 Min.

Lendenwirbelsäule mobilisieren ❻
vor-/rückwärts in 1 Min.
links/rechts in 1 Min.

Massage ❼
1 Min.

Auslockern & Körper wahrnehmen ❽
1 Min.

> Position **1** – **3**: Stehen Sie bequem und schulterbreit mit leicht gebeugten Knien.

1 Hüftkreise

1 Min.

Legen Sie die Hände an die Hüften, und lassen Sie die Schultern locker nach unten hängen.

 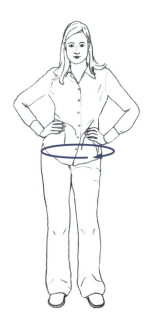

3 x jede Seite in 30 Sek.

3 x jede Seite in 30 Sek.

Kreisen Sie mit dem Hüft- und Beckenbereich zuerst in eine und dann in die andere Richtung. Spüren Sie dabei eine angenehme Öffnung und Dehnung in Hüfte, Becken und dem unteren Rücken.

Kreisen Sie wie bei der vorigen Übung, mit dem Unterschied, dass der Nabel sich beim Hüftkreisen nicht von der Stelle bewegt. Sie kennen diese Bewegung aus dem Bauchtanz.

Ausgangsposition

einatmen

Lenden-Qi-Gong ❷

8 Wiederholungen in 30 Sek.

Bringen Sie beide Hände nach hinten auf den Kreuzbeinbereich, und formen Sie dabei lockere Fäuste. Mit dem Einatmen stemmen Sie sich auf die Zehenballen und heben dadurch die Fersen an. Spannen Sie dabei die Arme und Fäuste und ziehen Sie diese in Richtung Schulterblätter neben der Wirbelsäule hinauf. Sie spüren dabei ein angenehmes Streichen im Lenden- und Nierenbereich.

Mit dem Ausatmen lassen Sie sich auf die Fersen nach unten fallen. Die Knie federn den Fall nicht ab, so dass Sie einen leichten Schlag im Beckenbereich spüren. Gleichzeitig lösen Sie die Fäuste und Arme. Sie kommen in die Grundstellung zurück, wo beide Fäuste locker am Kreuzbeinbereich liegen.

Wirbelsäule auf- und abrollen

2 Wiederholungen in 30 Sek.

Lassen Sie den Kopf langsam nach vorne sinken, beugen Sie als Nächstes die Brust- und dann die Lendenwirbelsäule. Das Becken wird dabei nicht gekippt. Rollen Sie dann die Wirbelsäule in umgekehrter Reihenfolge (Lende, Brust, Hals) wieder auf. Versuchen Sie dabei, die Wirbel möglichst einzeln auf- und abzurollen.

➡ **Die Knie sind gebeugt!**

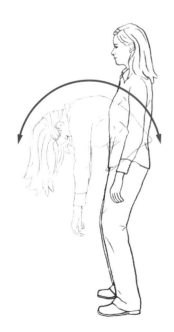

❸

> **Position ❹:** Stellen Sie Ihre Füße in eine weite Schrittstellung. Der vordere Fuß steht (von oben betrachtet) vor dem Knie, und die Zehen sind gerade nach vorne gerichtet. Beim hinteren Fuß stehen Sie auf den Zehenballen, und die Ferse zeigt gerade nach oben.

❹

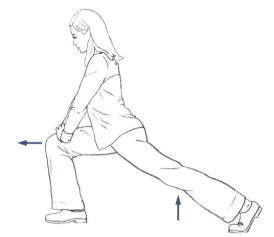

Hüftbeuger dehnen

beide Seiten in 1 Min.

Stützen Sie sich mit beiden Händen am Oberschenkel ab, und ziehen Sie mit dem vorderen Knie gerade nach vorne. Gleichzeitig versuchen Sie das hintere Bein auszustrecken. Der Oberkörper bleibt dabei möglichst gerade. Spüren Sie die Dehnung in der Leistengegend.

Wechseln Sie nach 30 Sek. die Beine, und dehnen Sie den Hüftbeuger des anderen Beines.

> **Position ❺:** Stehen Sie auf einem Bein, und halten Sie sich mit einer Hand an einem stabilen Gegenstand fest, um das Gleichgewicht zu halten.

❺ Oberschenkel dehnen

beide Beine in 1 Min.

Fassen Sie den freien Fuß, und ziehen sie ihn in Richtung Gesäß. Achten Sie darauf, dass die Knie dabei zusammenbleiben. Gleichzeitig schieben bzw. drücken Sie die Hüfte des gebeugten Beins nach vorne. Spüren Sie die angenehme Dehnung an der Oberschenkelvorderseite.

Wechseln Sie nach 30 Sek., und dehnen Sie das andere Bein.

Position ❻: **Genießen Sie die folgende Mobilisation im Sitzen, und achten Sie darauf, dass der Rücken von der Rückenlehne mindestens 10 cm entfernt ist. Die Fußsohlen stehen auf dem Boden. Die Arme liegen locker auf den Oberschenkeln.**

Lendenwirbelsäule mobilisieren ❻

2 Min.

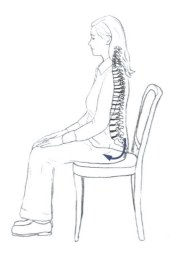

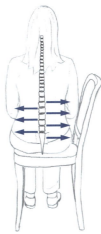

1 Min.

Kippen Sie das Becken mit jeder Ausatmung nach vorne, so dass die Lendenwirbelsäule leicht in die Länge gezogen wird. Mit der Einatmung lösen Sie die Spannung und lassen die Wirbelsäule wieder in die S-förmige Ausgangsstellung zurückgleiten. Setzen Sie den Schwerpunkt der Dehnung bzw. Ihrer Aufmerksamkeit an verschiedenen Punkten der Lendenwirbelsäule.

Beginnen Sie unten beim Kreuzbein, und dehnen Sie bei jeder Einatmung 1–2 Wirbelsegmente darüber.

Nach 30 Sek. setzen Sie den Schwerpunkt der Dehnung von oben nach unten. Beginnen Sie im zuletzt bewegten Wirbelsegment und dehnen Sie wieder verschiedene Punkte an der Lendenwirbelsäule bis hinunter zum Kreuzbein.

1 Min.

Ziehen Sie mit dem Oberkörper zur Seite. Setzen Sie den Schwerpunkt der Bewegung zwischen einzelnen Wirbelsegmenten. Beginnen Sie unten beim Kreuzbein und dem 5. Lendenwirbel. Wirbel für Wirbel wandern Sie hinauf bis zur unteren Brustwirbelsäule. Auf einer Seite atmen Sie ein, auf der anderen aus.

Nach 30 Sek. drehen Sie die Bewegung um und bewegen Wirbel für Wirbel von der unteren Brustwirbelsäule über die Lendenwirbelsäule zurück zum Kreuzbein.

➡ **Die Schultern bleiben entspannt und ruhig, während Sie die Lendenwirbelsäule bewegen.**

> **Position 7 – 8:** Stehen Sie bequem und schulterbreit mit leicht gebeugten Knien.

7 Massage

1 Min.

Streichen, massieren und klopfen Sie den Lenden-, Kreuzbein- und Gesäßbereich. Zusätzlich klopfen Sie mit lockeren Fäusten die Beine vorne, hinten und seitlich hinunter bis zu den Füßen und an den Innenseiten wieder hinauf zum Becken.

8 Auslockern & Körper wahrnehmen

1 Min.

Lockern und schütteln Sie den ganzen Körper für 30 Sek., besonders Oberkörper, Hüfte und Beine. Zum Abschluss spüren Sie mit geschlossenen Augen den Lenden-, Hüft- und Beckenbereich. Die Atmung fließt dabei tief und regelmäßig in den unteren Bauchraum.

Tipps & Tricks für die Lendenwirbelsäule

➡ **Reduzieren Sie Stress, Ihr Lendenbereich wird es Ihnen danken.**

Auf der Lendenwirbelsäule lastet das Gewicht von Oberkörper, Kopf und den Armen. Entlasten Sie Ihre Wirbelsäule durch physiologisch richtiges Heben, aus den Knien mit geradem Oberkörper. Vermeiden Sie beim Heben Drehbewegungen, und versuchen Sie das „richtige Heben" auch bei kleinen Lasten. Durch diesen Übungsprozess werden Sie ohne zu denken auch große Gewichte aus den Beinen, mit geradem Oberkörper, heben.

➡ **Eine kräftige Bauchmuskulatur entlastet Ihre Lendenwirbelsäule (besonders beim Heben). Die richtige Ausführung der Kräftigungsübungen für den Bauchbereich ist sehr wichtig.**

Sollte Ihnen die Technik des richtigen Hebens oder der richtigen Übungen zur Bauchmuskelkräftigung unbekannt sein, können Sie diese in einer Rückenschule oder einer Wirbelsäulengymnastik-Gruppe erlernen.

Der Lendenbereich ist nach der Traditionellen Chinesischen Medizin mit den Knien und Füßen verbunden. Schützen Sie Lenden- und Nierenbereich, Füße und Knie vor Kälte und Wind. Wenn Sie unter kalten Füßen leiden, dann unterstützen warme Fußbäder zusätzlich Ihren Lendenbereich.

11 Hüfte & Becken

Antriebskraft – Vertrauen

Im Beckenbereich befindet sich die Ursprungsenergie, oder anders ausgedrückt, „die Leben gebärende AnTRIEBskraft". Diese (sexuelle) Energie ist die Basis unserer Kreativität. Wir zeugen mit ihrer Hilfe nicht nur unsere Kinder, wir erschaffen aus ihr „uns selbst" mit all unseren Werken.

Im Becken befinden sich Blase, Darm und Geschlechtsorgane. Die Muskulatur von Gesäß, Beinen, Bauch und Rücken hat ihren Ursprung an den Beckenknochen.

Der knöcherne Beckenring besteht aus mehreren Knochen, die durch Bänder und das Kreuzdarmbeingelenk untereinander verbunden sind. Die Beweglichkeit in diesem Gelenk wirkt sich indirekt auf die Geschmeidigkeit unserer Wirbelsäule aus.

Der Beckenbereich ist die Verbindung des Körpers mit den Beinen. Deswegen hat der Zustand unserer Muskulatur im Beckenbereich einen direkten Einfluss auf unser Bewegungsmuster.

Auf der emotionalen Ebene erleben wir Geborgenheit und Sicherheit durch Kraft und Flexibilität im Hüft- bzw. Beckenbereich. Durch die frei fließende AnTRIEBskraft des Beckens stärken wir das natürliche Gefühl von VERTRAUEN in uns selbst.

Die Energiedusche 11 »Hüfte & Becken« lockert, dehnt und kräftigt den Hüft- bzw. Beckenbereich und stärkt die oben angeführten Eigenschaften.

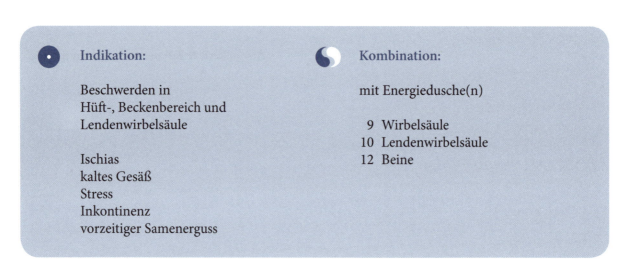

Indikation:

Beschwerden in
Hüft-, Beckenbereich und
Lendenwirbelsäule

Ischias
kaltes Gesäß
Stress
Inkontinenz
vorzeitiger Samenerguss

Kombination:

mit Energiedusche(n)

9 Wirbelsäule
10 Lendenwirbelsäule
12 Beine

Auf einen Blick

Hüftkreise ①
3 Varianten für jeweils 30 Sek.

Gänsebürzel ②
2 Varianten für jeweils 30 Sek.

Beine schwingen ③
2 Varianten für jeweils 30 Sek.

Lift fahren ④
3 x in 1½ Min.

Knie zur Schulter ziehen ⑤
beide Beine für jeweils 30 Sek.

Lift fahren ⑥
2 x in 1 Min.

Auslockern & Körper wahrnehmen ⑦
1 Min.

> Position ❶: Stehen Sie schulterbreit und bequem mit leicht gebeugten Knien. Die Hände sind in den Hüften abgestützt, und die Schultern hängen locker nach unten.

❶ Hüftkreise

1½ Min.

  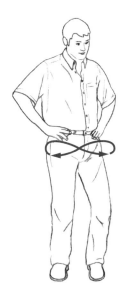

3 x jede Seite in 30 Sek.

Kreisen Sie mit dem Hüft- und Beckenbereich zuerst in eine und dann in die andere Richtung. Spüren Sie dabei eine angenehme Öffnung und Dehnung in Hüfte, Becken und dem unteren Rücken.

3 x jede Seite in 30 Sek.

Kreisen Sie wie bei der vorigen Übung, mit dem Unterschied, dass der Nabel sich beim Hüftkreisen nicht von der Stelle bewegt. Sie kennen diese Bewegung aus dem Bauchtanz.

3 x beide Richtungen in 30 Sek.

Drehen Sie die Hüfte in einer 8er-Schleife. Der Oberkörper dreht sich dabei mit dem Becken mit.

> **Position ❷:** Stehen Sie im breiten, bequemen Stand mit gebeugten Knien. Neigen Sie den Oberkörper so weit nach vorne, dass Sie beide Hände bequem auf Ihre Knie legen können.

Gänsebürzel ❷

1 Min.

Die folgenden Bewegungen finden im Hüft-, Gesäß- und Lendenbereich statt. Der Oberkörper, die Schultern, Arme und Beine bleiben dabei fixiert.

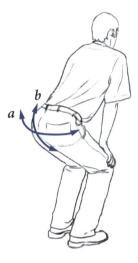

a
8 x beide Seiten in 30 Sek.

Drehen Sie das Steißbein abwechselnd zur rechten und linken Seite. Atmen Sie auf einer Seite ein und auf der anderen aus.

b
8 x vor und zurück in 30 Sek.

Drücken Sie mit der Einatmung das Steißbein nach vorne. Mit der Ausatmung lassen Sie das Steißbein wieder zurück in die Ausgangsstellung gleiten. Spüren Sie dabei die angenehme Dehnung in der Lendenwirbelsäule.

> **Position ❸**: Stehen Sie auf dem linken Bein mit leicht gebeugtem Knie und geradem Oberkörper.

❸ Beine schwingen

1 Min.

➡ **Versuchen Sie das Gleichgewicht zu halten. Schwingen Sie Arme und Beine so locker wie möglich.**

a
vor und zurück in 30 Sek.

Schwingen Sie das rechte Bein im Hüftgelenk nach vorn und zurück. Der linke Arm schwingt mit dem Bein gemeinsam. Der rechte Arm schwingt gegengleich (links vor – rechts zurück und umgekehrt). Wechseln Sie nach ca. 15 Sek. die Beine.

b
rechts und links in 30 Sek.

Schwingen Sie nun das linke Bein im Hüftgelenk abwechselnd nach links und rechts. Beide Arme schwingen gegengleich (Bein rechts – Arme links und umgekehrt), um das Gleichgewicht zu halten. Wechseln Sie nach ca. 15 Sek. die Beine.

> **Position ④ – ⑥:** Setzen Sie sich bequem auf einen Stuhl, beide Füße stehen fest auf dem Boden, und die Arme liegen locker auf den Oberschenkeln. Schließen Sie die Augen, und atmen Sie tief in Ihren Unterbauch.

Lift fahren ④

3 x in 1½ Min.

Ziehen Sie mit der Ausatmung die Beckenbodenmuskulatur (rund um Anus und Genitalien) langsam hoch. Spüren Sie dabei in Ihrem Becken das Hochziehen, als ob ein Aufzug in ihrem Becken bis in den Unterbauch hochfährt. Wenn Sie „oben" angelangt sind, kontrahieren Sie die Muskulatur der Genitalien schnell in kurzen Abständen, ohne die Beckenbodenmuskulatur (den Aufzug) zu lösen.

➡ **Die Atmung fließt dabei noch immer tief in den Unterbauch.**

Nach 30 Sek. und ca. 30–50 schnellen Kontraktionen lassen Sie mit der Ausatmung den Beckenbodenbereich langsam wieder los.
Atmen Sie tief ein, und wiederholen Sie das Liftfahren noch 2 x.

Knie zur Schulter ziehen ⑤

beide Beine in 1 Min.

Im Sitzen ziehen Sie mit beiden Armen ein Knie zur gegenüberliegenden Schulter. Spüren Sie dabei die angenehme Dehnung im Gesäß und an der Beinaußenseite.
Wechseln Sie die Beine nach 30 Sek.

Lift fahren ⑥

2 x in 1 Min.

Wiederholen Sie die Übung ④ noch 2 x.

> Position **7**: Stehen Sie bequem und schulterbreit mit leicht gebeugten Knien.

7 Auslockern & Körper wahrnehmen

1 Min.

Lockern Sie den ganzen Körper, und klopfen Sie mit lockeren Fäusten den Kreuzbein- und Gesäßbereich.

Zum Abschluss legen Sie beide Hände für 30 Sek. auf den unteren Bauchraum. Spüren Sie mit geschlossenen Augen die Kraft und Vitalität, die jetzt durch Ihren Hüft- und Beckenbereich pulsiert. Die Atmung fließt dabei tief und regelmäßig in den unteren Bauchraum.

Tipps & Tricks für Hüfte & Becken

In unserer Gesellschaft werden Bewegungen im Hüft- und Beckenbereich oft als unpassend, anrüchig oder sogar schmutzig interpretiert und abgeurteilt. Deswegen werden die meisten von uns bereits im Kindesalter darauf trainiert, Beweglichkeit und Genuss in diesem Bereich einzuschränken. Leider verlieren wir dadurch auch einen Teil unserer Lebendigkeit und Freude.

Bringen Sie Leben, Bewegung und Freude in Hüfte und Becken. Dazu eignet sich besonders Freude und Genuss an unserer Sexualität, Tanzen (Bauchtanz, Afro etc.), Beckenboden- und Wirbelsäulengymnastik, Massage, Stretching, Tai Chi usw.

12 Beine

Beweglichkeit und Kraft

Die Beine, Füße und Zehen sind, wie die Wurzeln eines Baumes, unsere Verbindung mit der Erde. Wir schöpfen aus ihnen die Kraft, im Leben zu STEHEN und durchs Leben zu GEHEN. Bewegliche Beine und Füße unterstützen uns dabei, Hindernissen auszuweichen, das Gleichgewicht zu halten und Unfälle zu vermeiden.

Der Spannungszustand in den Muskeln und Gelenken der Beine und Füße hat Auswirkungen auf unsere Wirbelsäule bis hinauf in den Nackenbereich. Dadurch wirkt die Energiedusche 12 »Beine« indirekt zusätzlich auf die Gelenke und die Muskulatur der Wirbelsäule.

Das Bewegen der Beine und Füße zieht die Aufmerksamkeit und die Energie des Körpers nach unten. Dadurch können wir Schmerzen und Überbeanspruchung von Kopf und Körper lösen und Stress lindern. Zusätzlich regen wir mit Hilfe der Energiedusche 12 »Beine« den Kreislauf und den Stoffwechsel an.

Kräftige, flexible Beine und Füße unterstützen uns dabei, unsere Ideen in die Tat umzusetzen, Hindernisse zu umGEHEN und im Leben vorwärts zu kommen.

Indikation:

kalte Füße, Beine und/oder Gesäß

schwache, starre, steife, schwere Beine

Stress

Müdigkeit

Kombination:

mit Energiedusche

11 Hüfte & Becken

Auf einen Blick

Fußgelenke mobilisieren ❶
beide Seiten in 30 Sek.

Flotte Kniekreise ❷
beide Richtungen in 30 Sek.

Hüftbeuger dehnen ❸
beide Seiten in 1 Min.

Beine kräftigen und dehnen ❹
beide Beine in 1 Min.

Oberschenkel dehnen ❺
beide Beine in 1 Min.

Spagat ❻
beide Seiten in 30 Sek.
beide Beine in 1 Min.

Auslockern & Klopfmassage ❼
30 Sek.

Wade dehnen ❽
beide Beine in 1 Min.

Füße bewegen & Körper wahrnehmen ❾
1 Min.

Position ❶: Stehen Sie auf dem linken Fuß, während die Zehen des rechten Beines den Boden berühren.

1 Fußgelenke mobilisieren

beide Seiten in 30 Sek.

Kreisen Sie locker im Sprunggelenk des rechten Beines. Der linke Fuß steht dabei fest am Boden.
  Wechseln Sie nach 15 Sek. die Beine, und kreisen Sie im Sprunggelenk des linken Beines.

Position ❷: Stellen Sie Füße und Knie zusammen, beugen Sie den Oberkörper leicht nach vorn, und legen Sie beide Hände auf die Kniescheiben.

2

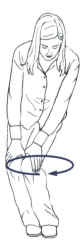

Flotte Kniekreise

beide Richtungen 10 x in 30 Sek.

➡ Gehen Sie so weit in die Hocke, dass Sie diese Bewegung als angenehm im Kniebereich empfinden. Die Wiederholungszahl ist ein Vorschlag. Finden Sie selbst Ihr Tempo.

Gehen Sie in die Hocke, und kreisen Sie mit beiden Knien, ohne die Fersen vom Boden abzuheben.
  Wechseln Sie nach 15 Sek. die Richtung.

Position ❸: Stellen Sie Ihre Füße in eine weite Schrittstellung. Der vordere Fuß steht (von oben betrachtet) vor dem Knie, und die Zehen sind gerade nach vorne gerichtet. Beim hinteren Fuß stehen Sie auf den Zehenballen, und die Ferse zeigt gerade nach oben.

Hüftbeuger dehnen

beide Seiten in 1 Min.

Stützen Sie sich mit beiden Händen am Oberschenkel ab, und ziehen Sie mit dem vorderen Knie gerade nach vorne. Gleichzeitig versuchen Sie das hintere Bein auszustrecken. Der Oberkörper bleibt dabei möglichst gerade. Spüren Sie die Dehnung in der Leistengegend.

Wechseln Sie nach 30 Sek. die Beine, und dehnen Sie den Hüftbeuger des anderen Beines.

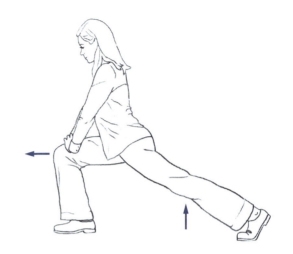

Position ❹: Stellen Sie sich auf ein Bein, und beugen Sie dabei das Kniegelenk so weit wie möglich, während Sie das andere Bein gerade nach vorne strecken.

Beine kräftigen & dehnen

beide Beine in 1 Min.

Neigen Sie den Oberkörper gerade nach vorne, bis Sie an der Beinrückseite des gestreckten Beins eine angenehme Dehnung spüren. Gleichzeitig wird die Oberschenkelvorderseite des gebeugten Beines gekräftigt.

Wechseln Sie nach 30 Sek. die Beine.

> **Position 5:** Stellen Sie sich auf ein Bein, und halten Sie sich mit einer Hand an einem stabilen Gegenstand fest, um das Gleichgewicht zu halten.

5 Oberschenkel dehnen

beide Beine in 1 Min.

Fassen Sie den freien Fuß, und ziehen Sie ihn in Richtung Gesäß. Achten Sie darauf, dass die Knie dabei zusammenbleiben. Gleichzeitig schieben bzw. drücken Sie die Hüfte des gebeugten Beins nach vorne. Spüren Sie die angenehme Dehnung an der Oberschenkelvorderseite.

Wechseln Sie nach 30 Sek., und dehnen Sie das andere Bein.

> **Position 6:** Genießen Sie die nächste Übung im breiten Stand. Die Hände liegen dabei locker auf den Knien.

6 Spagat

1½ Min.

a
beide Seiten 10 x in 30 Sek.

Beugen Sie abwechselnd das Kniegelenk, so dass die Innenseite des anderen, gestreckten Beines gedehnt wird.

➡ **Die Wiederholungszahl ist ein Vorschlag. Finden Sie selbst ein angenehmes Tempo.**

b
beide Beine in 1 Min.

Beugen Sie wieder 1 Bein, so dass die Innenseite des anderen, gestreckten Beines gedehnt wird. Halten Sie diese Position für 30 Sek., und dehnen Sie anschließend das andere Bein.

> Position ❼ : Genießen Sie die folgende Massage im Stehen.

Auslockern & Klopfmassage ❼

30 Sek.

Lockern und schütteln Sie beide Beine ausgiebig.

Anschließend klopfen Sie mit den Händen und/oder lockeren Fäusten an der Beinaußenseite vom Gesäß zu den Füßen hinunter. Unten angelangt klopfen Sie an der Beininnenseite zum Becken. Klopfen Sie einen zweiten Durchgang an der Rückseite der Beine hinunter und wieder an den Innenseiten hinauf. Beim dritten Mal klopfen Sie an der Beinvorderseite hinunter und neuerlich an der Innenseite der Beine nach oben.

> Position ❽ : Stellen Sie die Füße in Schrittstellung, und stützen Sie sich an einem Tisch mit beiden Händen ab. Achten Sie darauf, dass die Zehen des hinteren Fußes gerade nach vorne schauen.

Waden dehnen ❽

beide Beine in 1 Min.

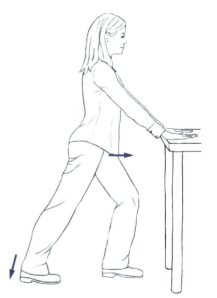

Schieben bzw. drücken Sie das Gesäß gerade nach vorne, und achten Sie darauf, dass die Ferse des hinteren Fußes am Boden bleibt. Spüren Sie dabei eine angenehme Dehnung in der Wadenmuskulatur.

Wechseln Sie nach 30 Sek. die Beine.

> Position **9**: Genießen Sie die abschließende Übung im Sitzen.

9 Füße bewegen & Körper wahrnehmen

1 Min.

Bewegen Sie intensiv den Fuß – im Fußgewölbe und Fußgelenk (beugen, strecken, kreisen, nach innen und außen drehen). Gleichzeitig bewegen Sie die Zehen (spreizen, einkrallen, auf- und abwärts).
   Nach 30 Sek. stellen Sie die Fußsohlen auf den Boden. Spüren Sie zum Abschluss mit geschlossenen Augen den Fuß- und Beinbereich mit der Verbindung hinunter in die Erde und hinauf zu Hüfte, Gesäß und Becken. Die Atmung fließt dabei tief und regelmäßig in den unteren Bauchraum.

Tipps & Tricks für die Beine

Nicht spektakulär, aber eine der gesündesten Bewegungsarten ist GEHEN. Nutzen Sie jede Möglichkeit, um Ihre Beine durch kleine oder auch größere Spaziergänge zu trainieren. Versuchen Sie regelmäßiges Gehen in Ihr Leben zu integrieren.

Einige Beispiele:
- Treppen steigen statt mit dem Aufzug fahren
- einkaufen oder auf die Bank usw. zu Fuß gehen statt mit dem Auto fahren
- eine Straßenbahnstation zu Fuß gehen

Viele Sportarten sind dazu geeignet, die Beine zu trainieren. Achten Sie darauf, die Beine am Anfang Ihrer Sporteinheit aufzuwärmen und am Ende zu dehnen. Bei älteren Menschen oder bei Gelenkproblemen sind erschütterungsarme Sportarten besonders empfehlenswert.

Einige Beispiele:
- Wandern
- Walking
- Radfahren
- Tai Chi
- Skilanglaufen
- Wirbelsäulengymnastik

Indikationsliste

Indikation	Energiedusche
Arme	4, 5
Beschwerden	
eingeschlafene	
Atem	6, 7
Beschwerden	
-not	
Augen	3, 4
Beschwerden	
Belastung, z. B. Bildschirmbelastung	
Kopfschmerzen durch Überanstrengung	
entzündete	
tränende	
Beckenbereich	11, 12
Beschwerden	
Beine	11, 12
schwache	
schwere	
starre, steife	
Bewegungsapparat	1
Einschränkung	
Starre	
Bewegungsmangel	1, 12

Indikation	Energiedusche
emotionale	5, 6, 8
Belastung	
Überlastung	
Füße	12
kalte	
Spannung, Schmerzen	
Geduld	8
keine	
geistige	2, 4, 12
Überlastung	
Gelenkbeschwerden	1
Gesäß	10, 11, 12
kaltes	
grippale	7
Infekte	
Grübeln	2, 8, 12
Hautproblematik	7
Herzbeschwerden	5, 6
Hüftbeschwerden	11, 12
Husten	7
Inkontinenz	11
Ischiasbeschwerden	10, 11, 12
Konzentrationsschwäche	8
Kopfschmerzen	2, 3, 4, 12
Kreislauf anregend	7, 12
Kreuzschmerzen	10, 11, 12

Indikation	Energiedusche
Lendenwirbelsäule Beschwerden	10, 11, 12
Lungenbeschwerden	7
Lustlosigkeit	6, 7, 12
Müdigkeit	7, 12
Rücken Schmerzen Verspannungen	4, 6, 9, 10
Rückgrat stärkend psychisch und physisch	9, 10, 11, 12
Rundrücken	5, 6, 7, 9
Samenerguss vorzeitig	11
Schulterbeschwerden	5
Schwindel	4, 7, 12
Sehschwäche	3, 4
Stress	8, 10, 11, 12
Trägheit	1, 7, 12
Verdauungsbeschwerden	8
Wirbelsäule Beschwerden Schmerzen Verspannungen	4, 6, 9, 10

Kontakt

Die 8-Minuten-Energiedusche, Shiatsu, Qi Gong und Tai Chi

Erwin Cuba

Gesundheitsvorsorge für Unternehmen und privat
Behandlungen, Kurse und Fortbildungen

www.vitalliving.at

Kalender

Manchen Menschen fällt es schwer, regelmäßige Pausen in Ihren Tagesablauf einzubauen. Andere spüren die angenehme Wirkung der 8-Minuten-Energiedusche erst nach einigen Tagen. Vielleicht können Sie sich von Ihrer Arbeit kaum losreißen und übersehen, dass regelmäßige und intensive Pausen sowohl Zeit als auch Geld sparen.

Deswegen rate ich Ihnen, einen Energieduschen-Kalender zu führen, der Sie bei der Auswahl und der regelmäßigen Ausführung unterstützen wird. Er kann Ihnen dabei helfen, die optimale 8-Minuten-Energiedusche in jeder Lebenslage auszuwählen.

Beschenken Sie sich beim Erreichen einer bestimmten Anzahl pro Monat, z. B. bei jeder 50. Energiedusche. Gönnen Sie sich schöne Musik, besonders gutes Essen, einen Blumenstrauß usw.

Datum	Anzahl	Energie-dusche	Wirkung / Bemerkung

ENERGIEDUSCHEN-Kalender

Datum	Anzahl	Energie-dusche	Wirkung / Bemerkung

ENERGIEDUSCHEN-Kalender

Datum	Anzahl	Energie-dusche	Wirkung / Bemerkung

Barbara Temelie
Ernährung nach den Fünf Elementen
Wie Sie mit Freude und Genuß Ihre Gesundheit,
Liebes- und Lebenskraft stärken

224 Seiten, Qualitätsbroschur,
mit Poster »Nahrungsmittel nach den Fünf Elementen«
EUR 16,95 [D] 17,50 [A] / Fr. 33,10
ISBN 978-3-928554-03-9

Barbara Temelie • Beatrice Trebuth
Das Fünf Elemente Kochbuch
Die praktische Umsetzung der
chinesischen Ernährungslehre für die westliche Küche
200 Rezepte zur Stärkung von Körper und Geist

416 Seiten, Qualitätsbroschur,
mit Poster »Nahrungsmittel nach den
Fünf Elementen«
EUR 18,95 [D] 19,50 [A] / Fr. 33,50
ISBN 978-3-928554-05-3

Karola Schneider
Kraftsuppen nach der Chinesischen Heilkunde
Wohltuende und stärkende Fünf-Elemente-Suppen
für die westliche Küche

152 Seiten, Qualitätsbroschur,
mit vielen farbigen Abb.,
EUR 18,95 [D] 19,50 [A] / Fr. 33,50
ISBN 978-3-928554-35-0

Dr. Michael Grandjean • Dr. Klaus Birker
Das Handbuch der Chinesischen Heilkunde
Eine Einführung in die ganzheitliche Chinesische Medizin
Grundlagen, Diagnosen und Wege der Behandlung

240 Seiten, Qualitätsbroschur, 4-farbig
mit zahlreichen Abb.
EUR 18,95 (D) 19,50 (A) SFr. 33,50
ISBN 978-3-928554-19-0

Andrea Kaffka
Wechseljahre Wandlungsjahre
Die Lebensmitte neu entdecken –
mit Chinesischer Heilkunde Beschwerden
vorbeugen – ohne Hormone behandeln

240 Seiten, Qualitätsbroschur, 2-farbig
EUR 18,95 [D] 19,50 [A] / Fr. 33,50
ISBN 978-3-928554-48-0

Andrea A. Kaffka
Zu den Quellen weiblicher Kraft
Frauenheilkunde im Spiegel der Fünf Elemente

256 Seiten, Klappenbroschur, 2-farbig
EUR 18,95 [D] 19,50 [A] / Fr. 33,50
ISBN 978-3-928554-58-9

Wir senden Ihnen gerne unser Gesamtverzeichnis. Bitte anfordern unter:

www.joy-verlag.de

Joy Verlag GmbH, Hornweg 11, 87466 Oy-Mittelberg, Tel.: 0 83 66 - 98 86 10, Fax: 0 83 66 - 98 41 92
E-Mail: postbox@joy-verlag.de